Arthur Machen
Die weißen Gestalten

SERIE PIPER
Band 1403

Zu diesem Buch

Arthur Machen war neben seinem Zeitgenossen Bram Stoker einer der letzten großen Vertreter der viktorianischen Phantastik. Die im vorliegenden dritten Band der Serie-Piper-Werkausgabe präsentierten Erzählungen variieren eine seiner großen Visionen: die »White People«, die »Unterirdischen«, zwergenhaft-/dämonische Gestalten, die sich vor der Zivilisation in einsame Gegenden zurückgezogen haben, deren Treiben aber böse ist und den Menschen gefährlich werden kann.

Bei Machen stehen sie für die vorgeschichtliche keltische Kultur seiner walisischen Heimat, die durch die angelsächsischen Eroberer »unter die Erde« gedrängt wurde.

Arthur Machen, eigentlich Arthur Llewellyn Jones, wurde 1863 als Sohn eines Geistlichen in Caerleon-on-Usk in der walisischen Grafschaft Monmouthshire geboren. In Einsamkeit aufgewachsen, ging er zum Studium der Medizin nach London, brach es aber, abgestoßen vom Chauvinismus und der Brutalität seiner Kommilitonen, nach wenigen Semestern ab. Ab 1881 lebte er in London, schlug sich als Übersetzer (Rabelais, Margarete von Navarra) durch. Literarischen Ruhm gewann er 1894 mit »The Great God Pan«. Zeitweise gehörte er dem okkultistischen »Hermetic Order of the Golden Dawn« an. Später schloß er sich einer reisenden Schauspielgruppe an und arbeitete daneben als Zeitungsschreiber, dessen Literatur- und Theaterkritiken gefürchtet waren. Eine Attacke auf Lord Alfred Douglas, den ehemaligen Geliebten Oscar Wildes, beendete allerdings seine Karriere als Journalist. Arthur Machen starb 1947 in Beaconsfield.

Arthur Machen

Die weißen Gestalten

Erzählungen

Aus dem Englischen von
Joachim Kalka

Piper
München Zürich

Die Erstdrucke erschienen:
»The Shining Pyramid« in: The Unknown World 1895;
»Out of Earth« in: The Shining Pyramid, Chicago 1923;
»The Red Hand« in: The House of Souls, London 1906;
»The White People« in: Horlick's Magazine 1904;
»N« in: The Cosy Room and Other Stories By Arthur Machen,
London 1936.

Arthur Machen: Werke in sechs Bänden
1. Furcht und Schrecken. Roman (SP 1401)
2. Botschafter des Bösen. Roman (SP 1402)
3. Die weißen Gestalten. Erzählungen (SP 1403)
4. Der große Pan. Erzählungen (erscheint im Sommer 1994)
5. Der Berg der Träume. Ein Künstlerroman
(erscheint im Winter 1994/95)
6. Der verborgene Sieg. Roman (erscheint im Sommer 1995)

ISBN 3-492-11403-2
Deutsche Erstausgabe
Dezember 1993

Umschlag: Federico Luci,
unter Verwendung einer Zeichnung von Heinz Lauer
Gesamtherstellung: Clausen & Bosse, Leck
Printed in Germany

Inhalt

Die leuchtende Pyramide

1. Das Pfeilspitzenspiel

»Geträumt davon, sagen Sie?«

»Ja, geträumt. Wissen Sie nicht mehr, wie Sie mir vor drei Jahren von Ihrem Wohnort im Westen erzählt haben, wo die alten Wälder alles überschatten, von den wilden, hochgewölbten Hügeln und der zerklüfteten Landschaft? Es ist mir immer wie ein Zauberbild im Bewußtsein geblieben, das ich sehe, wenn ich am Schreibtisch sitze und mitten im Wirbel von London den Verkehr rattern höre. Aber seit wann sind Sie hier?«

»Tatsächlich, Dyson, bin ich eben erst aus dem Zug gestiegen. Ich bin heute früh zeitig zum Bahnhof gefahren und habe den 10.45 genommen.«

»Nun, es freut mich sehr, daß Sie bei mir hereinschauen. Wie ist es Ihnen seit unserer letzten Begegnung ergangen? Es gibt noch keine Mrs. Vaughan, nehme ich an?«

»Nein«, sagte Vaughan, »ich bin wie Sie immer noch Einsiedler. Ich habe nichts vollbracht außer Müßiggang.«

Vaughan hatte sich die Pfeife angezündet und saß im Lehnsessel, wobei er unruhig hin- und herrutschte und sich in leichter Verwirrung umschaute. Dyson hatte seinen Schreibtischstuhl beim Eintreten des Besuchers gedreht und saß, indem er einen Arm auf die Schreibplatte legte, in liebevollem Kontakt zu dem Wust seiner Manuskripte da.

»Und Sie gehen noch immer Ihrer alten Berufung nach?« fragte Vaughan und deutete auf den Papierstapel und die überquellenden Schreibtischfächer.

»Ja! Das hoffnungslose Streben nach Literatur, so eitel wie das Goldmachen und ebenso zauberhaft. Aber Sie sind hoffentlich eine längere Zeit hier in der Stadt – was wollen wir heute abend unternehmen?«

»Nun, ich wollte Sie eigentlich überreden, ein paar Tage lang mit mir in den Westen zu fahren. Es würde Ihnen sicher ausgezeichnet bekommen.«

»Es ist sehr liebenswürdig von Ihnen, Vaughan, aber London im September – das kann man nur schwer aufgeben! Doré hätte nichts Wunderbareres und Magischeres entwerfen können als die Oxford Street, wie ich sie vor ein paar Tagen gesehen habe: der flammende Sonnenuntergang, der blaue Dunst, der die gewöhnliche Straße in einen Ort ›fern in der Stadt, die sich der Geist erbaut‹ verwandelt.«

»Ich hätte es doch gern, wenn Sie mitkämen. Es würde Ihnen gefallen, unsere Berge zu durchstreifen. Geht dieser Lärm hier Tag und Nacht so weiter? Es macht mich ganz wirr; ich begreife kaum, wie Sie dabei arbeiten können. Ich bin sicher, Sie würden den großen Frieden meines alten Hauses in den Wäldern genießen.«

Vaughan zündete sich erneut die Pfeife an und blickte gespannt zu Dyson hinüber, um zu sehen, ob seine werbenden Worte ihre Wirkung getan hatten – aber der Literat schüttelte lächelnd den Kopf und schwor bei sich den Straßen der Stadt unverbrüchliche Treue.

»Sie können mich nicht verführen«, sagte er.

»Nun – vielleicht haben Sie recht. Es mag auch falsch sein, wenn ich vom Frieden auf dem Land spreche. Dort ist ein tragischer Vorfall wie ein Stein, den man in den Teich wirft; die Kreise ziehen sich weiter und weiter, und es scheint, als will sich das Wasser nie mehr beruhigen.«

»Gibt es denn Tragödien da, wo Sie wohnen?«

»Ich kann das kaum mit Gewißheit behaupten. Aber mich hat etwas, das vor etwa einem Monat vorgefallen ist, stark beunruhigt; es ist vielleicht eine Tragödie gewesen, im üblichen Sinn des Wortes, vielleicht auch nicht.«

»Was ist geschehen?«

»Nun, Tatsache ist, daß ein Mädchen auf eine Art und Weise verschwunden ist, die man höchst mysteriös nennen muß. Ihre Eltern, Leute namens Trevor, sind wohlhabende

Bauern, und ihre älteste Tochter Annie war so etwas wie die Dorfschöne; sie war wirklich bemerkenswert hübsch. Eines Nachmittags wollte sie ihre Tante besuchen – eine Witwe, die ihr eigenes Land bestellt. Da die beiden Häuser nur fünf oder sechs Meilen auseinanderliegen, brach sie auf und sagte ihren Eltern, sie würde die Abkürzung durch die Hügel nehmen. Sie kam nie bei ihrer Tante an und wurde nie mehr gesehen. Das ist es, in wenigen Worten zusammengefaßt.«

»Was für eine seltsame Geschichte! Es gibt wohl keine aufgelassenen Bergwerke in den Hügeln, oder? Und so etwas Aufwendiges wie eine Steilklippe habt ihr wohl auch nicht?«

»Nein. Der Weg, den das Mädchen eingeschlagen haben muß, hat gar keine irgendwie gefährlichen Stellen; es ist einfach ein Pfad über öde, kahle Hänge, selbst von Nebenwegen weit abgelegen. Man kann meilenweit gehen, ohne einer Seele zu begegnen, aber es ist vollkommen sicher.«

»Und was sagen die Leute?«

»Ach, die reden Unsinn – unter sich. Sie machen sich keinen Begriff, wie abergläubisch englische Kleinbauern in entlegenen Gegenden wie der meinen sind. Die sind so schlimm wie die Iren, genauso schlimm und sogar noch heimlicher.«

»Aber was sagen sie?«

»Ach, das arme Mädchen soll ›mit den Elfen gegangen‹ oder ›von den Elfen geholt worden‹ sein. Unsinn!« setzte er hinzu, »man würde lachen, wenn es nicht die wirkliche Tragödie gäbe.«

Dyson zeigte erste Anzeichen von Interesse.

»Ja«, sagte er, »Elfen, das klingt heutzutage gewiß ein wenig eigenartig. Aber was meint die Polizei? Ich nehme an, sie pflichtet der Elfenhypothese nicht bei?«

»Nein, aber sie scheint ganz im dunkeln zu tappen. Was ich befürchte, ist, daß Annie Trevor unterwegs irgendwelchen gemeinen Kerlen in die Hände gefallen ist. Castletown ist ein großer Hafen, wissen Sie, und von den schlimmsten ausländischen Matrosen desertieren gelegentlich welche und streifen als Vagabunden im Land umher. Vor ein paar Jahren hat ein spanischer Seemann mit Namen Garçia eine ganze Familie ermordet, um Beute, die kaum Sixpence wert war. Manche von diesen Burschen sind kaum Menschen zu nennen, und ich habe die große Angst, daß das arme Mädchen ein furchtbares Ende gefunden hat.«

»Aber es ist kein ausländischer Matrose irgendwo im Lande gesehen worden?«

»Nein, das stimmt schon. Und natürlich würden Leute auf dem Lande rasch jeden bemerken, dessen Aussehen und Kleidung irgendwie ungewöhnlich sind. Und trotzdem scheint mir meine Theorie die einzig mögliche Erklärung.«

»Ich habe keine Indizien, an die ich mich halten könnte«, sagte Dyson nachdenklich. »Von einer Liebesgeschichte oder irgend etwas in dieser Art war nicht die Rede?«

»O nein, nicht die leiseste Andeutung. Ich bin sicher, wäre Annie am Leben, hätte sie es irgendwie fertiggebracht, ihre Mutter wissen zu lassen, daß sie in Sicherheit ist.«

»Zweifellos, zweifellos. Trotzdem ist es noch im Bereich des Möglichen, daß sie lebt und doch nicht imstande ist, sich mit den Ihren in Verbindung zu setzen. Aber all dies muß Sie stark beunruhigt haben.«

»Ja, das hat es; ich hasse ein Geheimnis, und besonders eines, hinter dessen Schleier sich wahrscheinlich der Schrekken verbirgt. Aber ganz offen gesagt, Dyson, ich will es Ihnen gestehen – nicht deswegen bin ich hergekommen, Ihnen all dies zu erzählen.«

»Natürlich nicht«, sagte Dyson, ein wenig überrascht von Vaughans nervöser Verlegenheit. »Sie sind gekommen, um von angenehmeren Dingen zu reden.«

»Nein, das eben nicht. Was ich Ihnen erzählt habe, liegt einen Monat zurück. Aber etwas, das mich persönlich näher betreffen dürfte, ist während der letzten Tage geschehen, und ohne Umschweife, Dyson, ich bin nach London gekommen in der Hoffnung, Sie könnten mir helfen. Sie erinnern sich an den seltsamen Fall, von dem Sie mir bei unserem letzten Treffen sprachen – etwas mit einem Brillenmacher?«

»O ja, daran erinnere ich mich. Ich weiß noch, daß ich damals sehr stolz auf meinen Scharfsinn war; bis zum heutigen Tage hat die Polizei keine Ahnung, warum es diese besondere gelbe Brille sein mußte. Aber Vaughan, Sie sehen wirklich ganz angegriffen aus; ich hoffe, es ist nichts Ernstes?«

»Nein – ich glaube, ich habe das Ganze übertrieben, und ich möchte, daß Sie mich beruhigen. Aber was geschehen ist, ist jedenfalls sehr merkwürdig.«

»Und was ist geschehen?«

»Sie werden mich gewiß auslachen, aber jetzt erzähle ich Ihnen meine Geschichte. Sie müssen wissen, daß über mein Grundstück ein Weg führt, ein öffentlicher Weg, meine ich, und zwar dicht an der Mauer des Küchengartens entlang. Nicht viele Leute benutzen ihn – ein Holzfäller dann und wann, und fünf, sechs Kinder, die im Dorf in die Schule gehen, kommen zweimal am Tag vorbei. Nun, vor ein paar Tagen habe ich einen Gang vor dem Frühstück gemacht und blieb zufällig gerade an der großen Tür in der Gartenmauer stehen, um mir die Pfeife zu stopfen. Der Wald, muß ich hinzufügen, reicht bis auf ein paar Fuß an die Mauer heran, und der erwähnte Weg liegt im Schatten der Bäume. Ich fand im frischen Wind diese geschützte Stelle recht behaglich und blieb rauchend dort stehen, den Blick zu Boden gerichtet. Dann erregte etwas meine Aufmerksamkeit. Gleich unter der Mauer, auf dem kurzen Gras, waren eine Anzahl kleiner Steine – Feuersteine – in einem Muster angeordnet; etwa so: –« (und Mr. Vaughan griff rasch nach einem Bleistift und einem Stück Papier und zeichnete einige Striche hin.)

»Sehen Sie«, fuhr er fort, »es waren, meine ich, zwölf kleine Steine, säuberlich in Reihen gelegt und in regelmäßigen Abständen, wie ich es hier aufgezeichnet habe. Es waren spitze Steine, und die Spitzen waren sorgfältig nach einer Seite ausgerichtet.«

»Ja«, sagte Dyson ohne großes Interesse, »zweifellos haben die Kinder, von denen Sie sprachen, auf dem Weg von der Schule dort gespielt. Kinder legen, wie Sie wohl wissen, gern solche Muster mit Muscheln oder Steinchen oder Blumen oder dem, was sie eben gerade finden.«

»Das dachte ich auch – mir fiel nur auf, daß diese Feuersteinstückchen in einer Art Muster angeordnet waren, und dann ging ich weiter. Aber am nächsten Morgen machte ich wieder diese Runde – tatsächlich ist es eine Angewohnheit von mir –, und wieder sah ich am selben Fleck ein Muster aus Steinchen. Diesmal war es ein wirklich merkwürdiges Zeichen: etwas wie die Speichen eines Rades, die sich alle in einem Mittelpunkt trafen, und diesen Mittelpunkt bildete etwas, was wie eine Schale aussah. Alles, Sie verstehen, mit Feuersteinen.«

»Sie haben recht«, sagte Dyson, »das klingt schon seltsam. Trotzdem kann man vernünftigerweise annehmen, daß Ihr halbes Dutzend Schulkinder für diese Phantasien in Stein verantwortlich ist.«

»Nun, ich dachte mir, ich würde die Sache klären. Die Kinder kommen jeden Abend um halb sechs am Tor vorbei, und um sechs ging ich vorüber und fand das Zeichen noch genauso wie am Morgen. Am nächsten Tag war ich um dreiviertel sieben draußen und entdeckte, daß alles geändert worden war. Auf dem Gras lag der Umriß einer Pyramide, aus Steinen gebildet. Die Kinder sah ich anderthalb Stunden später vorbeikommen, und sie liefen ohne einen Blick nach rechts oder links an der Stelle vorüber. Abends sah ich zu, wie sie nach Hause gingen, und heute morgen, als ich um sechs Uhr ans Tor kam, erwartete mich ein Ding wie ein Halbmond.«

»Also läuft die Reihe so: zuerst Linien in ordentlichen Reihen, dann das Zeichen mit den Speichen und der Schale, dann die Pyramide und endlich heute morgen der Halbmond. Das ist die Reihenfolge, ja?«

»Ja, das ist richtig. Aber es hat mich, wissen Sie, sehr beunruhigt. Es scheint wohl absurd, aber ich kann nicht umhin, mir zu denken, daß vor meiner Nase irgendwelche Zeichen und Signale gegeben werden, und das macht mich nervös.«

»Aber was haben Sie zu befürchten? Sie haben doch keine Feinde?«

»Nein, aber ich habe wertvolles altes Silber.«

»Sie denken an Einbrecher?« fragte Dyson im Tonfall großen Interesses. »Aber Sie müssen doch Ihre Nachbarn kennen. Gibt es verdächtige Leute in der Nähe?«

»Nicht, daß ich wüßte. Aber denken Sie daran, was ich von den Matrosen sagte.«

»Können Sie Ihrem Hauspersonal trauen?«

»O ja, uneingeschränkt. Das Silber wird in einer eigens gesicherten Kammer aufbewahrt; nur der Butler, ein alter Bediensteter der Familie, weiß, wo der Schlüssel ist. Da ist alles in seiner Ordnung. Trotzdem, es ist allgemein bekannt, daß ich eine Menge altes Silber habe, und auf dem Land klatscht man gern und erzählt alles herum. Auf diese Weise mag die Information in sehr mißliebige Kreise gedrungen sein.«

»Ja – aber ich muß sagen, an der Einbrechertheorie ist etwas, was mich nicht ganz befriedigt. Wer gibt hier wem Zeichen? Eine solche Erklärung erscheint mir unzulänglich. Wie sind Sie im Zusammenhang mit diesen Steinzeichen, oder wie immer wir sie nennen wollen, auf Ihr Silber gekommen?«

»Es war das Zeichen mit der Schale«, sagte Vaughan. »Wie es sich trifft, besitze ich eine sehr große und sehr wertvolle Punschterrine aus der Zeit Charles des Zweiten. Die Ziselierung ist wirklich herrlich, und das Ding ist eine Menge Geld wert. Das Zeichen, das ich Ihnen beschrieben habe, hatte genau dieselbe Form wie meine Punschterrine.«

»Gewiß ein eigenartiger Zufall. Aber die anderen Figuren oder Zeichen – Sie haben nichts, was aussieht wie eine Pyramide?«

»Ah, das wird Ihnen noch eigenartiger erscheinen. Zufällig wird diese meine Punschterrine, zusammen mit einem Satz seltener alter Schöpfkellen, in einer Mahagonitruhe aufbewahrt, und die hat Pyramidenform. Die vier Seiten laufen oben in einer Spitze zusammen.«

»Ich muß sagen, das alles interessiert mich ungemein«, sagte Dyson. »Also weiter! Was ist mit den anderen Figuren? Mit der Armee, wie wir das erste Zeichen nennen könnten, und dem Halbmond oder der Sichel?«

»Da finde ich leider keinen Bezug, bei diesen beiden. Immerhin sehen Sie, daß meine Neugier und Unruhe entschuldbar sind. Es wäre mir arg, wenn ich etwas von meinem alten Silber verlieren sollte – fast alle Stücke sind seit Generationen in Familienbesitz. Und ich werde den Gedanken nicht los, daß irgendwelche Schufte mich zu berauben planen und Nacht für Nacht einander Zeichen geben.«

»Offen gesagt«, meinte Dyson, »kann ich mir keinen Reim darauf machen; ich bin ebenso ratlos wie Sie. Ihre Theorie scheint gewiß die einzig mögliche Erklärung, und doch sind die Schwierigkeiten immens.«

Er lehnte sich in seinen Stuhl zurück, und die beiden Männer sahen einander stirnrunzelnd an, irritiert von einem so bizarren Problem.

»Übrigens«, sagte Dyson nach langem Schweigen, »wie ist die geologische Beschaffenheit Ihrer Gegend?«

Mr. Vaughan sah auf, durchaus überrascht von der Frage.

»Alter Buntsandstein und Kalkstein, glaube ich«, sagte er. »Wir sind gleich an den Kohlenflözen.«

»Aber weder im Sandstein noch im Kalkstein sind doch wohl Feuersteine zu finden?«

»Nein, ich sehe nie welche auf den Feldern. Ich muß sagen, das kam mir auch etwas seltsam vor.«

»Das will ich doch meinen! Es ist sehr wichtig. Übrigens, wie groß waren die Feuersteine, mit denen diese Figuren gelegt wurden?«

»Ich habe einen mitgebracht – den habe ich heute morgen aufgehoben.«

»Aus dem Halbmond?«

»Genau. Da ist er.«

Er reichte Dyson einen kleinen, spitz zulaufenden Feuerstein, etwa drei Zoll lang.

Dysons Gesicht leuchtete auf vor Erregung, als er den Gegenstand aus Vaughans Hand nahm.

»Ganz gewiß«, sagte er nach einer kurzen Pause, »haben Sie seltsame Nachbarn in der Gegend. Ich glaube kaum, daß sie Absichten auf Ihre Punschterrine haben. Wissen Sie, daß dies eine aus Feuerstein gehauene Pfeilspitze von hohem Alter ist, und nicht nur das, eine Pfeilspitze von einzigartiger Form? Ich habe Stücke aus allen Weltteilen gesehen, aber manche Züge an diesem Exemplar sind singulär.«

Er legte seine Pfeife hin und zog ein Buch aus einer Schublade.

»Wir haben gerade noch Zeit für den 5.45 nach Castletown«, sagte er.

2. *Die Augen an der Mauer*

Mr. Dyson nahm einen tiefen Atemzug Waldluft und spürte den ganzen Zauber der Landschaft, die vor ihm lag. Es war noch ganz früh am Morgen, und er stand auf der Terrasse vor dem Haus. Vaughans Vorfahr hatte auf dem unteren Hang eines großen Hügels gebaut, im Schutz eines tiefen, alten Waldes, der sich auf drei Seiten um das Haus zusammenzog, und auf der vierten Seite, gen Südwesten, senkte sich der Boden sanft in das Tal hinab, wo ein Bach sich in mysteriösen S-Windungen schlang und dunkelglänzende Erlen den Blick am Wasserlauf entlangführten. Auf der Terrasse ging an jenem geschützten Ort kein Wind, und auch in weitem Umkreis standen die Bäume reglos. Nur ein einziger Laut brach die Stille, und Dyson hörte das Geräusch des weit drunten singenden Baches, das Lied klaren und glänzenden Wassers, das über die Steine schäumt und flüstert und murmelt, wie es in dunkle Tiefen sinkt. Über das Strombett, gerade unter dem Haus, erhob sich eine Brücke aus grauem Stein, deren Gewölbe und Strebepfeiler als Überreste aus dem Mittelalter dastanden, und jenseits der Brücke erhoben sich wieder die Hügel, breit und massig wie Verteidigungsbastionen, hier und dort mit dunklen Wäldern und Unterholzdickichten bedeckt. Doch die Höhen waren kahl und baumlos und ließen nur graues Gras sehen und manchmal Farnkraut mit dem Gold der verblassenden Wedel. Dyson blickte nach Norden und Süden. Überall stand die Mauer der Hügel und der alten Wälder, und der Wasserlauf suchte sich seinen Weg zwischen ihnen; grau und schwach schimmernd lag alles im Morgennebel unter einem grauen Himmel, in einer gedämpften, heimlichen Atmosphäre.

Mr. Vaughans Stimme drang in das Schweigen.

»Ich dachte, Sie wären zu müde, um so zeitig schon auf den Beinen zu sein«, sagte er. »Sie bewundern die Aussicht? Sie ist schön, nicht wahr? Obwohl der alte Meyrick Vaughan wohl nicht an die Landschaft gedacht hat, als er hier sein Haus hingestellt hat. Ein seltsamer grauer alter Bau, was?«

»Ja, und wie gut er in die Umgebung paßt – er scheint zu den grauen Hügeln und der grauen Brücke drunten zu gehören.«

»Ich fürchte, es sieht aus, als habe ich Sie mit falschen Versprechungen hierher gelockt, Dyson«, sagte Vaughan. Sie begannen, auf der Terrasse hin und her zu schlendern. »Ich war an der Stelle, und heute morgen ist nichts zu sehen.«

»Ah ja. Nun, gehen wir doch zusammen hin.«

Sie gingen über den Rasen und kamen auf einem Gartenweg durch die Stechpalmensträucher hinter das Haus. Dort zeigte Vaughan seinem Gast den Pfad, der ins Dorf hinunterführte, und auf die Höhen über dem Wald, und schließlich kamen sie an die Gartenmauer neben dem Tor.

»Dort, schauen Sie, war es«, sagte Vaughan und deutete auf eine Stelle im Gras. »Ich stand gerade da, wo Sie jetzt stehen, als ich an dem einen Morgen die Steine zum ersten Mal sah.«

»Ah ja, ganz recht. An dem Morgen war es die Armee, wie ich es nenne, dann die Schale, dann die Pyramide, und gestern der Halbmond. Was für ein merkwürdiger Stein das ist«, fuhr er fort und deutete auf einen Kalksteinblock, der gerade vor der Mauer aus dem Gras hervorragte. »Er sieht wie eine kleine Säule aus, aber ich nehme an, das ist eine Naturform.«

»Ja, das glaube ich auch. Aber es hat ihn wohl jemand hierhergebracht, denn wir stehen auf Buntsandstein. Wahrscheinlich hat er zum Fundament eines früheren Baus gehört.«

»Wahrscheinlich.« Dyson schaute sich aufmerksam um, seine Blicke gingen vom Boden zur Mauer und von der Mauer zu dem tiefen Wald, dessen Äste fast über den Garten hingen und den Ort selbst am Morgen dämmrig machten.

»Schauen Sie«, sagte Dyson endlich, »diesmal haben wir es gewiß mit Kindern zu tun. Sehen Sie hier.«

Er beugte sich hinunter und starrte auf die stumpfrote Oberfläche der alten Backsteine in der Mauer. Vaughan trat hinzu und betrachtete angestrengt, worauf Dysons Finger wies. Mit Mühe erkannte er ein schwaches Zeichen in tieferem Rot.

»Was ist das?« fragte er. »Ich weiß nicht, was es sein soll.«

»Schauen Sie genauer hin. Sehen Sie nicht, daß das der Versuch ist, ein menschliches Auge zu malen?«

»Ah, jetzt begreife ich, was Sie meinen. Ich kann nicht besonders gut sehen. Ja, es stimmt, das soll ein Auge sein, wie Sie sagen, kein Zweifel. Ich dachte, die Kinder hätten Zeichenunterricht in der Schule.«

»Nun, es ist ein recht seltsames Auge. Sehen Sie die eigenartige Mandelform, beinahe als ob es das Auge eines Chinesen wäre?«

Dyson betrachtete gedankenverloren das Werk des unentwickelten Künstlers und suchte noch einmal die Mauer ab, wobei er sich zu einer sorgfältigen Prüfung auf die Knie niederließ.

»Es würde mich sehr interessieren«, sagte er schließlich, »wie ein Kind an diesem abgelegenen Ort irgendeine Ahnung von der Form des mongolischen Auges haben kann. Sehen

Sie, das Durchschnittskind hat eine sehr genaue Vorstellung von der Sache – es malt einen Kreis oder etwas wie einen Kreis und macht in die Mitte einen Punkt. Ich glaube, kein Kind denkt, daß das Auge wirklich so eine Form hat – es ist einfach eine Konvention kindlicher Kunst. Aber dieses mandelförmige Ding erstaunt mich außerordentlich. Vielleicht stammt es von einem Porzellanteller oder einer Teebüchse beim Krämer. Obwohl das kaum wahrscheinlich ist.«

»Aber warum sind Sie so sicher, daß das von einem Kind stammt?«

»Aber ich bitte Sie! Sehen Sie sich die Höhe an! Diese alten Ziegel sind kaum dicker als zwei Zoll; es sind vom Boden bis zu der Skizze, wenn wir sie so nennen dürfen, zwanzig Lagen, das macht dreieinhalb Fuß. Jetzt stellen Sie sich einmal vor, Sie wollten etwas an diese Mauer malen. Genau – Ihr Bleistift, wenn Sie einen hätten, würde die Mauer etwa in Ihrer Augenhöhe berühren, das heißt über fünf Fuß vom Boden entfernt. Es scheint also ein ganz einfacher Schluß, daß dieses Auge auf der Mauer von einem etwa zehnjährigen Kind gemalt worden ist.«

»Ja, daran hatte ich nicht gedacht. Natürlich, eins von den Kindern muß es gewesen sein.«

»Wohl schon – und doch, wie gesagt, es liegt etwas ausgesprochen Unkindliches in diesen zwei Linien, und die Pupille ist, wie Sie sehen, fast ein Oval. Mir sieht das seltsam und sehr alt aus, und auf irgendeine Art ist es mir recht unangenehm. Ich kann nicht umhin, mir vorzustellen, daß ein ganzes Gesicht, von derselben Hand gemalt, kein sehr angenehmer Anblick wäre. Aber das ist ja Unsinn, und wir kommen bei unserer Untersuchung nicht weiter. Seltsam, daß die Steinserie so abrupt abgebrochen ist.«

Die beiden Männer gingen zum Haus zurück. Als sie unter das Vordach traten, riß der graue Himmel ein Stück auf, und Sonnenschein glänzte auf dem grauen Hügel vor ihnen.

Den ganzen Tag streifte Dyson grübelnd durch die Felder und Wälder um das Haus. Die unbedeutenden Vorfälle, die er zu erklären beabsichtigte, blieben ihm ein vollkommenes Rätsel. Wieder nahm er die Pfeilspitze aus der Tasche und drehte sie mit höchster Konzentration in den Fingern. Es war etwas an diesem Ding, das anders war als bei all den Exemplaren, die er aus Museen und Privatsammlungen kannte; die Form war ein ganz eigener Typus. Entlang der Klinge verlief eine Linie aus kleinen Punkten, anscheinend die Andeutung eines Ornaments. Wer, dachte Dyson, mochte solche Dinge an diesem abgelegenen Ort besitzen? Und wer, im Besitz dieser Feuersteinpfeilspitzen, würde einen so bizarren Gebrauch von ihnen machen, an Vaughans Gartenmauer sinnlose Figuren zu legen? Die krasse Absurdität der ganzen Geschichte war ihm maßlos zuwider, und als eine Theorie nach der anderen sich in seinen Gedanken formte, nur um verworfen zu werden, fühlte er sich stark versucht, den nächsten Zug nach Hause zu nehmen. Er hatte das Familiensilber Vaughans gesehen und die Punschterrine, das Prunkstück der Sammlung, mit großer Sorgfalt inspiziert. Und was er sah und von dem Butler erfuhr, überzeugte ihn davon, daß der Plan eines Einbruchs in die Kammer mit den Wertsachen jenseits aller vernünftigen Untersuchung lag. Die Truhe, in welcher die Terrine aufbewahrt wurde, ein schweres Mahagoni-Zierstück, erinnerte in der Tat stark an eine Pyramide. Dyson neigte zuerst zu törichten detektivischen Anstalten, aber ein wenig nüchternes Nachdenken überzeugte ihn von der Unmöglichkeit der Einbrechertheorie, und er fahndete verzweifelt nach etwas Befriedigenderem. Er fragte Vaughan, ob irgendwelche Zigeuner in der Gegend wären, und erfuhr, daß man die Roma seit Jahren nicht mehr gesehen hatte. Dies hörte er sehr geknickt, da er die Gewohnheit der Zigeuner kannte, seltsame Hieroglyphen entlang der Route ihrer Wanderung zu hinterlassen, und froh gewesen war, als ihm dies einfiel. Er saß Vaughan vor dem altmodischen Kamin gegenüber, als er die Frage stellte, und lehnte sich bei der Vernichtung seiner Hypothese irritiert in den Sessel zurück.

»Es ist seltsam«, sagte Vaughan, »aber mit den Zigeunern

haben wir hier nie zu tun. Hin und wieder finden die Bauern Spuren von Feuern an entlegenen Stellen in den Hügeln, aber niemand scheint zu wissen, wer die Feuer entzündet.«

»Das hört sich aber doch sehr nach Zigeunern an.«

»Nein, nicht an solchen Orten. Zigeuner und Kesselflicker und all die Wanderer halten sich eng an die Straßen und gehen nicht sehr weit von den Bauernhäusern weg.«

»Nun, ich weiß mir keinen Rat. Ich habe die Kinder heute nachmittag vorbeikommen sehen, und wie Sie sagen, sind sie gleich weitergerannt. Also werden wir jedenfalls keine weiteren Augen an der Mauer finden.«

»Nein. Ich muß sie gelegentlich abpassen und herausfinden, wer der Künstler ist.«

Am nächsten Morgen machte Vaughan seinen gewohnten Gang über den Rasen hinters Haus, und dort fand er Dyson schon am Tor der Gartenmauer warten, und zwar offensichtlich höchst aufgeregt, denn er winkte wild und gestikulierte gewaltig herüber.

»Was gibt es?« fragte Vaughan. »Wieder die Steine?«

»Nein; aber schauen Sie her, schauen Sie die Mauer an. Da! Sehen Sie es nicht?«

»Wieder eins von den Augen!«

»Genau. Ein Stück weit von dem ersten weg, wie Sie sehen, fast auf gleicher Höhe, nur ein wenig tiefer.«

»Was soll man denn davon halten? Die Kinder können es nicht gewesen sein; gestern war es noch nicht da, und heute kommen sie erst in einer Stunde. Was hat das zu bedeuten?«

»Der Teufel steckt hinter alledem«, sagte Dyson. »Natürlich kann man dem Schluß nicht widerstehen, daß diese infernalischen Schlitzaugen von derselben Hand stammen wie die Figuren aus den Feuersteinen – und wohin dieser Schluß führt, das ist mehr, als ich begreife. Ich muß meiner Phantasie straffe Zügel anlegen, oder sie geht durch.«

»Vaughan«, sagte er, als sie sich von der Mauer abwandten, »ist Ihnen aufgefallen, daß es einen Punkt gibt – einen sehr eigenartigen Punkt –, in dem es eine Gemeinsamkeit zwischen den Steinzeichen und den an die Mauer gemalten Augen gibt?«

»Und welcher ist das?« fragte Vaughan, über dessen Gesicht etwas wie der Schatten einer unendlichen Angst gefallen war.

»Folgendes. Wir wissen, daß die Zeichen – Armee, Schale, Pyramide und Halbmond – bei Nacht ausgelegt worden sein müssen. Man darf annehmen, daß sie auch bei Nacht gesehen werden sollten. Nun, genau dasselbe trifft auf die Augen an der Mauer zu.«

»Ich verstehe nicht ganz, worauf Sie hinaus wollen.«

»Gewiß doch. Die Nächte sind jetzt gerade sehr dunkel und waren stark bewölkt, seit ich hier bin, das weiß ich. Außerdem würden diese überhängenden Bäume die Mauer auch in einer klaren Nacht ganz ins Dunkel hüllen.«

»Und?«

»Folgendes ist mir aufgefallen. Was für eigentümlich scharfe Augen müssen die haben – wer immer ›die‹ sind –, um Pfeilspitzen in komplizierter Anordnung im schwärzesten Waldesschatten auszulegen, und dann die Augen ohne die Spur eines Zögerns oder einer falschen Linie an die Mauer zu malen!«

»Ich habe von Menschen gelesen, die viele Jahre eingekerkert waren und recht gut in der Dunkelheit sehen konnten«, sagte Vaughan.

»Ja«, sagte Dyson, »es gab da den Abbé im *Grafen von Monte-Cristo*. Aber es ist eine seltsame Sache.«

3. Die Suche nach der Schale

»Wer war der alte Mann, der Sie eben gegrüßt hat?« fragte Dyson, als sie zur Biegung des Wegs neben dem Haus gekommen waren.

»Ach, das war der alte Trevor. Sieht sehr mitgenommen aus, der arme Kerl.«

»Wer ist Trevor?«

»Erinnern Sie sich nicht? Ich habe Ihnen die Geschichte an dem Nachmittag in Ihrer Londoner Wohnung erzählt – von einem Mädchen namens Annie Trevor, die auf ganz unerklärliche Weise vor etwa fünf Wochen verschwunden ist. Das war ihr Vater.«

»Ja, ja, jetzt fällt es mir wieder ein. Ich hatte es, die Wahrheit zu sagen, ganz vergessen. Und von dem Mädchen hat man nichts gehört?«

»Nicht das Geringste. Die Polizei hat keinerlei Spur.«

»Ich fürchte, ich habe auf die Einzelheiten nicht sehr achtgegeben, die Sie erzählt haben. Welchen Weg hat das Mädchen genommen?«

»Ihr Weg müßte sie geradewegs über diese öden Hügel hinter dem Haus geführt haben; der nächstgelegene Punkt des Pfades wäre etwa zwei Meilen von hier.«

»Ist das in der Nähe von dem kleinen Weiler, den ich gestern gesehen habe?«

»Sie meinen Croesyceiliog, wo die Kinder herkamen? Nein, er verläuft mehr nördlich.«

»Ah, da bin ich noch nie gegangen.«

Sie kehrten ins Haus zurück. Dyson ging auf sein Zimmer, wo er seinen unruhigen Gedanken nachhing, doch ohne daß das schattenhafte Mißtrauen, das schon seit einiger Zeit sich in ihm formte und ihn in unklarer, phantastischer Gestalt verfolgte, genaueren Umriß annehmen wollte. Er saß am offenen Fenster und schaute in das Tal hinaus, wo er wie auf einem Bild die Schlingen und Windungen des Baches sah, die graue Brücke und die weiten Hänge der sich dahinter erhebenden Hügel. Alles war still ohne einen Windhauch, der die magischen hängenden Wälder geregt hätte. Der Abendsonnenschein leuchtete warm auf dem Farnkraut, und unten begann ein feiner Nebeldunst, ganz weiß, aus dem Wasserlauf aufzusteigen. Dyson saß am Fenster, wie der Tag dunkelte und die hohen Bastionen der Hügel undeutlich ragten und die Wälder zu Schatten verschwammen. Und die Vorstellung, die von ihm Besitz ergriffen hatte, schien nicht mehr vollkommen unmöglich. Er verbrachte den Rest des Abends in träumendem Sinnen und hörte kaum, was Vaughan sagte; und als er mit seiner Kerze in den Flur hinaustrat, hielt er einen Moment inne, ehe er seinem Freund Gute Nacht wünschte.

»Ich will mich gut ausruhen«, sagte er. »Morgen habe ich einige Arbeit vor mir.«

»Schreiben, meinen Sie?«

»Nein. Ich werde nach der Schale suchen.«

»Der Schale! Wenn Sie meine Punschterrine meinen, die steht sicher in der Truhe.«

»Ich meine nicht die Punschterrine. Auf mein Wort, Ihr Silber war nie bedroht. Nein; ich will Sie nicht mit irgendwelchen Vermutungen belästigen. Wir werden es sehr wahrscheinlich in Kürze mit etwas viel Stärkerem als Vermutungen zu tun haben. Gute Nacht, Vaughan!«

Am nächsten Morgen brach Dyson vor dem Frühstück auf. Er nahm den Weg an der Gartenmauer entlang und bemerkte, daß nun acht der merkwürdigen mandelförmigen Augen sich schwach vom Backstein abhoben.

»Noch sechs Tage«, sagte er vor sich hin, doch als er die Theorie noch einmal überdachte, die er sich zurechtgelegt hatte, schrak er trotz seiner starken Überzeugung vor einer solch wilden, unglaublichen Phantasie zurück. Er stieg durch den dichten Waldesschatten empor und kam endlich auf den kahlen Hang hinaus, wo er auf der schlüpfrigen Grasnarbe höher und höher kletterte, indem er sich nördlich hielt und die Anweisungen befolgte, die Vaughan ihm gegeben hatte. Wie er ausschritt, schien er immer weiter über die Welt des Menschenlebens und der alltäglichen Dinge hinauszugelangen; rechts sah er noch den Rand eines Obstgartens und erkannte schwachen blauen Rauch, der wie eine Säule aufstieg; das war der Weiler, aus dem die Schulkinder kamen, zugleich das einzige Zeichen von Leben, denn die Wälder umfingen und verbargen Vaughans altes graues Haus. Als er endlich auf die höchste Höhe, wie es schien, des Hügels trat, wurde ihm zum ersten Male die öde Verlassenheit und Fremdartigkeit der Landschaft klar; nichts gab es als grauen Himmel und grauen Hügel, eine weite Hochebene, die sich in die Ferne erstreckte, und weit im Norden zeichnete sich schwach ein blauer Bergesgipfel ab. Schließlich stieß er auf den Weg, einen kaum erkennbaren Pfad, den das verschollene Mädchen Annie Trevor genommen haben mußte. Er folgte ihm über die kahle Höhe und bemerkte die großen Kalksteinfelsen, die aus dem Gras hervorragten, grimmig häßlich und abweisend wie Götzenbilder der Südsee, und plötzlich hielt er inne, erstaunt, daß er das gefunden hatte, wonach er suchte. Beinahe ohne ein warnendes Anzeichen senkte sich vor ihm der Boden, und Dyson schaute in eine kreisrunde Mulde hinab, die ganz gut ein römisches Amphitheater hätte enthalten können, und die abstoßenden Kalksteinbrocken umgaben sie wie eine verfallene Mauer. Dyson ging um die Mulde herum und betrachtete die Position der einzelnen Steine, und dann kehrte er sich um und machte sich auf den Heimweg.

»Das«, dachte er bei sich, »ist mehr als merkwürdig. Die Schale habe ich gefunden, aber wo ist die Pyramide?«

»Mein lieber Vaughan«, sagte er bei seiner Rückkehr, »ich darf Ihnen sagen, daß die Schale gefunden ist, und mehr werde ich Ihnen für den Augenblick nicht verraten. Wir haben sechs Tage völliger Untätigkeit vor uns; es läßt sich wirklich nichts tun.«

4. *Das Geheimnis der Pyramide*

»Ich habe eben einen Gang durch den Garten gemacht«, sagte Vaughan eines Morgens. »Ich habe diese verflixten Augen gezählt, und jetzt sind es vierzehn. Sagen Sie mir doch um Himmels willen, Dyson, was das alles zu bedeuten hat.«

»Das würde ich nur mit großem Bedauern versuchen. Ich habe vielleicht dies oder das erraten, aber aus Prinzip behalte ich meine Mutmaßungen lieber für mich. Außerdem ist es wirklich nicht der Mühe wert, den Ereignissen vorgreifen zu wollen; Sie werden sich erinnern, daß ich Ihnen gesagt habe, wir hätten sechs Tage der Untätigkeit vor uns? Nun, heute ist der sechste und letzte davon. Heute abend, schlage ich vor, machen wir einen Spaziergang.«

»Einen Spaziergang! Ist das die Tat, zu der Sie nun schreiten wollen?«

»Nun, Sie werden auf diesem Gang vielleicht einige merkwürdige Dinge sehen. Um deutlicher zu werden: ich möchte, daß Sie heute abend um neun Uhr mit mir in die Hügel gehen. Wir müssen unter Umständen die ganze Nacht fortbleiben, also ziehen Sie sich warm an und bringen Sie etwas von dem Brandy mit.«

»Ist das ein Scherz?« fragte Vaughan, verwirrt von den seltsamen Vorfällen und von seltsamen Ahnungen.

»Nein, ich glaube, von Scherz kann nicht die Rede sein. Wenn ich mich nicht sehr täusche, werden wir eine sehr ernste Erklärung des Rätsels finden. Sie kommen doch sicher mit?«

»Gut denn. Welchen Weg wollen Sie nehmen?«

»Den, welchen Sie mir erklärt haben; den Weg, den Annie Trevor genommen haben soll.«

Vaughan erblaßte einen Augenblick bei der Erwähnung dieses Namens.

»Ich habe nicht gedacht, daß Sie diese Spur verfolgen«, sagte er. »Ich dachte, Sie beschäftigen sich mit den Zeichen aus Feuersteinen und den Augen an der Mauer? Gut, wir wollen jetzt nicht davon reden, aber ich werde mit Ihnen gehen.«

Um dreiviertel neun an diesem Abend brachen die beiden Männer auf und nahmen den Pfad durch die Wälder und den Hang hinauf. Es war eine dunkle, lastende Nacht, der Himmel war dicht bewölkt und das Tal hing voller Nebel, und den ganzen Weg schienen sie in einer Welt aus Schatten und Düsternis zu gehen; sie sprachen kaum und fürchteten sich fast, den Bann der Stille zu brechen. Schließlich traten sie auf den freien Hügel hinaus, und statt der Bedrückung des Waldesdunkels war nun die schwach erkennbare Weite der Grasnarbe um sie her. Weiter oben schienen die phantastischen Formen der Kalksteinfelsen durch das Dunkel wie Andeutungen von etwas Entsetzlichem. Der Wind stöhnte, wie er über die Berge zum Meer wehte, und ließ es ihnen im Vorbeiziehen kalt ums Herz werden. Sie schienen Stunden um Stunden zu gehen, und der unklare Umriß des Hügels erstreckte sich vor ihnen, die schroffen Felsen ragten immer noch aus dem Dunkel, als plötzlich Dyson rasch atmend nahe zu seinem Gefährten trat und ihm zuflüsterte:

»Hier werden wir uns hinlegen. Ich glaube nicht, daß schon etwas da ist.«

»Ich kenne den Ort«, sagte Vaughan nach einer kleinen Pause. »Ich bin bei Tag oft hier gewesen. Die Leute fürchten sich, glaube ich, herzukommen; es soll eine ›Elfenburg‹ sein oder so etwas. Aber warum um alles in der Welt sind wir jetzt hier?«

»Sprechen Sie etwas leiser«, sagte Dyson. »Es könnte unangenehm für uns werden, wenn man uns hört.«

»Uns hört! Auf drei Meilen im Umkreis ist keine Seele.«

»Möglicherweise, oder ich sollte eher sagen: gewiß nicht. Aber es könnte einen Körper in größerer Nähe geben.«

»Ich habe keine Ahnung, was Sie meinen«, sagte Vaughan, Dyson zu Gefallen im Flüsterton, »aber weshalb sind wir hier?«

»Nun, sehen Sie, die Mulde vor uns ist die Schale. Aber ich glaube, wir sollten besser gar nichts mehr sagen, nicht einmal flüstern.«

Sie legten sich der Länge nach ins Gras, die Felsen zwischen sich und der Schale. Dann und wann ließ Dyson – den dunklen weichen Hut in die Stirn gezogen – ein Auge hervorglänzen und zog sich gleich wieder zurück, da er es nicht wagte, einen längeren Blick zu tun. Dann legte er wieder das Ohr an die Erde und lauschte. Die Stunden vergingen, und die Dunkelheit schien schwärzer zu werden, und das leise Seufzen des Windes war der einzige Laut.

Vaughan wurde in der schweren Stille, in diesem Warten auf ein unbestimmtes Schrecknis ungeduldig, denn für ihn hatte das Erwartete keine Form oder Gestalt, und er fing an, die ganze Nachtwache für eine bedrückende Farce zu halten.

»Wie lange soll das noch dauern?« flüsterte er Dyson zu, und Dyson, der in qualvoller Spannung den Atem angehalten hatte, hob seinen Mund an Vaughans Ohr und sagte: »Hören Sie!«, mit kleinen Pausen zwischen jeder einzelnen Silbe und in dem Ton, mit welchem Priester die ehrfurchtgebietenden Worte aussprechen.

Vaughan klammerte sich mit den Händen am Boden fest und reckte sich vor; er fragte sich, was er denn hören sollte. Zuerst war da gar nichts, doch dann drang ein leises, zartes Geräusch aus der Erdmulde, ein schwacher Laut, fast unbeschreiblich, aber etwa so, als drückte man die Zunge gegen den Gaumen und stieße den Atem durch den Mund aus. Er lauschte angestrengt, und schließlich wurde das Geräusch lauter und wurde zu einem scharfen, fürchterlichen Zischen, als koche die Grube unten vor glühender Hitze. Vaughan, der die Spannung nicht mehr ertragen konnte, ahmte Dyson nach, zog seine Mütze halb ins Gesicht und schaute in die Erdmulde hinunter.

Sie regte sich und kochte wahrhaft wie ein Höllenkessel. Die ganzen Ränder und der Grund waren voll schwankender, sich windender Formen, die, schwach erkennbar und ruhelos, ohne das Geräusch von Schritten sich hin- und herbewegten, sich da und dort zu Gruppen verdickten und miteinander in jenen schrecklichen Zischtönen zu sprechen schienen, wie mit Schlangenzungen. Es war, als hätten sich das frische Gras und die reine Erde auf einmal mit einer gemeinen, wimmelnden Wucherung belebt. Vaughan konnte sein Gesicht nicht abwenden, obwohl er die Berührung von Dysons Finger fühlte. Er starrte in die bebende Masse hinunter und erkannte undeutlich Dinge wie Gesichter und menschliche Gliedmaßen, doch spürte er in seinem Innersten die kalte Gewißheit, daß keine verwandte Seele und kein Menschenwesen in diesem wühlenden zischenden Heer sich regte. Er starrte erschüttert und würgte das Aufschluchzen des Entsetzens zurück, und endlich sammelten sich die widerlichen Gestalten am dichtesten um einen undeutlich sichtbaren Gegenstand im Mittelpunkt der Erdhöhlung, und das Zischen ihrer Sprache wurde giftiger, und er sah im ungewissen Licht die abstoßenden Glieder, unklar und doch nur allzu deutlich, sich winden und miteinander verschlingen, und er glaubte, ganz schwach ein leises menschliches Stöhnen das Geräusch einer nicht dem Menschen zugehörigen Sprache durchdringen zu hören. In seinem Herzen schien fortwährend etwas zu flüstern: »Der Wurm der Fäulnis, der Wurm, der nicht stirbt«, und vor seinem inneren Auge erschien grotesk das Bild eines stinkenden Aasklumpens, durch und durch ausgehöhlt von aufgeschwollenen, schrecklich wimmelnden Wesen. Die dunklen Glieder krümmten sich, sie schienen die nächtige Form in der Mitte der Mulde zu umdrängen, und der Schweiß troff und rann von Vaughans Stirne und fiel kalt auf die Hand unter seinem Gesicht.

Dann – es schien in einem einzigen Augenblick zu geschehen – zerschmolz die widerliche Masse und zog sich an die Ränder zurück. Einen Moment lang sah Vaughan in der Mitte zwei wankend ausgestreckte menschliche Arme. Aber ein Funke glänzte unten, ein Feuer entfachte sich, und als die Stimme einer Frau sich in einem schrillen Schrei der tiefsten Angst und Qual erhob, schoß eine große Flammenpyramide wie das Aufplatzen einer zurückgedämmten Fontäne empor und warf ein gleißendes Licht über die ganze Höhe. In diesem Augenblick sah Vaughan die Myriaden drunten; die in der Menschengestalt geformten Wesen, zwergenhaft wie entsetzlich verkrüppelte Kinder, die Gesichter mit vor Bosheit und unsäglicher Lust brennenden Mandelaugen, das greuliche Gelb der Masse nackten Fleisches, und dann war wie durch einen Zauber der ganze Platz leer, während das Feuer brauste und knisterte und die Flammen weithin leuchteten.

»Nun haben Sie die Pyramide gesehen«, sagte Dyson an seinem Ohr, »die Pyramide aus Feuer.«

5. Das kleine Volk

»Dann erkennen Sie das also wieder?«

»Gewiß. Das ist die Brosche, die Annie Trevor immer an Sonntagen getragen hat; ich erinnere mich an die Ornamentik. Aber wo haben Sie sie gefunden? Sie wollen doch nicht sagen, Sie haben das Mädchen entdeckt?«

»Mein lieber Vaughan, es erstaunt mich, daß Sie nicht erraten, wo ich die Brosche gefunden habe. Sie haben doch die letzte Nacht nicht schon vergessen?«

»Dyson«, sagte der andere mit großem Ernst, »ich habe heute morgen darüber nachgedacht, während Sie fort waren. Ich habe bedacht, was ich gesehen habe, oder vielleicht sollte ich sagen: was ich zu sehen glaubte, und der einzige Schluß, zu dem ich zu kommen vermag, ist der – die Erinnerung an diese Nacht ist nicht zu ertragen. Nach Maßgabe unseres Menschenlebens habe ich all meine Tage ernsthaft und ehrlich und in der Furcht Gottes gelebt, und ich kann nicht anders als zu glauben, daß ich an einer monströsen Geistestäuschung gelitten habe, einer Phantasmagorie meiner verwirrten Sinne. Sie wissen, wir sind schweigend nach Hause gegangen, es fiel kein Wort über das, was ich zu sehen geglaubt hatte – sollten wir uns nicht lieber darauf einigen, nicht mehr darüber zu sprechen? Als ich im friedlichen Sonnenschein dieses Morgens meinen gewohnten Gang getan habe, dachte ich: die ganze Erde preist den Schöpfer, und als ich an der Mauer vorüberkam, sah ich, daß keine neuen Zeichen mehr angebracht worden sind, und was noch dort war, habe ich ausgelöscht. Das Geheimnis ist vorbei, und wir können wieder ruhig leben. Ich glaube, in den letzten Wochen hat irgendein Gift gewirkt; ich habe am Rande des Wahnsinns gestanden, aber nun bin ich wieder bei mir.«

Mr. Vaughan hatte mit großer Eindringlichkeit gesprochen und beugte sich nun auf seinem Stuhl vor, um Dyson fast bittend anzusehen.

»Mein lieber Vaughan«, sagte der andere nach einer Pause,

»wozu soll das gut sein? Es ist viel zu spät, um noch so zu reden; wir sind zu tief vorgedrungen. Außerdem wissen Sie so gut wie ich, daß es sich dabei um keine Wahnvorstellung handelt; ich wünschte mir von ganzem Herzen, es wäre so. Nein, im eigenen Interesse muß ich Ihnen die ganze Geschichte erzählen, soweit ich sie kenne.«

»Nun gut«, sagte Vaughan und seufzte, »wenn Sie's müssen, müssen Sie es wohl.«

»Dann«, sagte Dyson, »lassen Sie uns mit dem Ende anfangen. Ich habe diese Brosche, die Sie soeben identifiziert haben, an dem Ort gefunden, den wir die Schale genannt haben. Dort war ein Haufen grauer Asche, als hätte ein Feuer gebrannt. In der Tat lag dort noch heiße Glut, und diese Brosche lag auf dem Boden, gerade außerhalb der Reichweite der Flammen. Sie muß durch Zufall vom Kleid der Person gefallen sein, die sie getragen hat. Nein, unterbrechen Sie mich nicht; wir können jetzt zum Anfang übergehen, da wir das Ende haben. Gehen wir zurück zu dem Tag, da Sie mich in meiner Wohnung in London aufgesucht haben. Soweit ich mich erinnern kann, erwähnten Sie kurz nach Ihrer Ankunft mit einer gewissen Beiläufigkeit, daß sich in Ihrer Gegend ein tragischer, geheimnisvoller Vorfall ereignet hatte: ein Mädchen namens Annie Trevor war zu einem Besuch bei einer Verwandten aufgebrochen und verschwunden. Ich gestehe ganz offen, daß mich das, was Sie erzählten, nicht weiter interessiert hat – es gibt so viele Gründe für jemanden und insbesondere für eine Frau, aus dem Umkreis ihrer Verwandten und Bekannten zu verschwinden. Ich glaube, fragte man die Polizei, dann würde man feststellen, daß in London alle vierzehn Tage jemand auf geheimnisvolle Weise verschwindet, und die Beamten würden zweifellos die Achseln zucken und Ihnen sagen, das könnte statistisch gar nicht anders sein. Also habe ich Ihrer Geschichte mit beklagenswerter Achtlosigkeit gelauscht; außerdem gibt es noch einen weiteren Grund für mein Desinteresse: Ihre Geschichte war unerklärlich. Sie konnten nur einen schurkischen Matrosen in Vorschlag bringen, der herumvagabundierte, aber diese Erklärung verwarf ich sofort. Aus vielen Gründen, vor allem aber deshalb, weil der Gelegenheitsverbrecher, der Amateur, bei einer brutalen Tat stets ergriffen wird, vor allem, wenn er sich eine ländliche Gegend als Tatort aussucht. Sie werden sich an den von Ihnen zitierten Fall Garçia erinnern; am Tag nach dem Mord kam er in eine Bahnhofsstation geschlendert, die Hose voll Blut und das Werk der holländischen Wanduhr, seine gesamte Beute, in einem säuberlichen Päckchen unter dem Arm. Als ich also diese Ihre einzige Hypothese verwarf, wurde die ganze Geschichte, wie gesagt, unerklärlich, und deshalb zutiefst uninteressant. Ja, *deshalb*, das ist ein vollkommen gültiger Schluß. Zerbrechen Sie sich je den Kopf über Rätsel, von denen Sie wissen, daß es keine Lösung gibt? Haben Sie je lange über das alte Problem von Achilles und der Schildkröte nachgedacht? Natürlich nicht, weil Sie wußten, daß das ein hoffnungsloses Unterfangen ist, und so habe ich also Ihre Geschichte von dem Landmädchen, das verschwunden ist, einfach der Kategorie des Unlösbaren zugewiesen und nicht weiter darüber nachgedacht. Da irrte ich mich, wie sich zeigen sollte. Aber Sie sind dann gleich, wenn Sie sich erinnern wollen, zu einer anderen Sache gekommen, die Sie stärker interessiert hat, weil sie Sie persönlicher zu betreffen schien. Ich brauche diese sehr eigenartige Geschichte von den Feuersteinzeichen nicht zu wiederholen – zuerst hielt ich sie für trivial: wahrscheinlich irgendein Kinderspiel, und wenn nicht dies, dann irgendein Streich; aber als Sie mir die Pfeilspitze zeigten, da erwachte mein Interesse. Hier, so sah ich, lag etwas vor, was weit vom Alltäglichen entfernt war und wirklich geeignet als Gegenstand der Neugier; und sobald ich mir dies eingestanden hatte, versuchte ich, die Lösung zu finden, und wiederholte mir wieder und wieder die Zeichen, die Sie beschrieben hatten. Zuerst kam das, was wir dann die Armee genannt haben: eine Anzahl ordentlich ausgerichteter Reihen von Feuersteinen, alle mit der Spitze nach derselben Seite. Dann die Linien, die wie Speichen eines Rades auf die Form einer Schale zuliefen, dann das Dreieck oder die Pyramide, und zuletzt der Halbmond. Ich muß gestehen, daß ich bei meinen Anstrengungen, das Geheimnis zu entschlüsseln, meine Phantasie schließlich erschöpfte; und Sie werden begreifen, daß es ein doppeltes oder besser dreifaches Problem war. Denn ich mußte mich nicht nur fragen: Was bedeuten diese Zeichen? Sondern auch: Wer kann sie angebracht haben? Und wiederum: Wer kann so wertvolle Objekte besitzen und sie im Bewußtsein ihres Wertes am Wegesrand hinwerfen? Dieser Gedankengang führte mich zu der Annahme, daß die Person oder die Personen den Wert solch einzigartiger Pfeilspitzen aus Feuerstein nicht kannten, doch das brachte mich nicht weiter, denn auch ein gebildeter Mann konnte in dieser Sache ganz unwissend sein. Dann kam die zusätzliche Komplikation des Auges an der Mauer, und Sie erinnern sich wohl, wie wir dem Schluß nicht ausweichen konnten, daß in beiden Fällen dieselbe Hand am Werk gewesen war. Die eigenartige Position dieser Augen an der Mauer ließ mich Erkundigungen einziehen, ob es irgendwo in der Nachbarschaft so etwas wie einen Zwerg gab, aber ich erkannte, daß dem nicht so war, und wußte, daß die jeden Tag vorüberkommenden Kinder nichts mit der Sache zu tun hatten. Trotzdem hatte ich die Überzeugung, daß derjenige, der die Augen gemalt hatte, zwischen dreieinhalb und vier Fuß groß sein mußte, weil – wie ich damals ausführte – jeder, der auf einer vertikalen Fläche malt, instinktiv etwa seine Augenhöhe wählt. Dann war da die Frage der eigenartigen Augenform; dieser ausgeprägt mongolische Charakter, von dem die englische Landbevölkerung eigentlich keine Vorstellung haben konnte, und, um die Verwirrung voll zu machen, die offenbare Tatsache, daß der oder die Schöpfer der Zeichen praktisch im Dunkeln sehen konnten. Wie Sie bemerkt haben, könnte ein Mensch, der viele Jahre in einer ganz dunklen Zelle oder einem Kerker gefangengehalten wird, diese Fähigkeit schließlich besitzen – aber wo in Europa würde man seit den Tagen von Edmond Dantès ein solches Gefängnis finden? Ein Matrose, der beträchtliche Zeit in irgendeiner entsetzlichen chinesischen *oubliette* eingeschlossen war, schien die Person zu sein, die ich suchte, und so unwahrscheinlich es schien, war es doch nicht unmöglich, daß ein Matrose oder, sagen wir, ein Mann, der an Bord eines Schiffes seine Arbeit tat, ein Zwerg sein könnte. Aber wie erklären, daß mein imaginärer Seemann im Besitz prähistorischer Pfeilspitzen war? Und diesen Besitz einmal vorausgesetzt, was waren Bedeutung und Zweck dieser rätselhaften Steinzeichen und der mandelförmigen Augen? Ihre Theorie eines Einbruchsplanes war, wie ich fast von Anfang an sah, unhaltbar, und ich muß sagen, mir fehlte jede vernünftige Arbeitshypothese. Ein reiner Zufall führte mich auf die Spur. Wir kamen an dem armen Trevor vorbei, und als sie seinen Namen und das Verschwinden seiner Tochter erwähnten, erinnerte mich das an die Geschichte, die ich vergessen oder vernachlässigt hatte. Hier also, sagte ich mir, haben wir ein anderes Problem – in sich freilich uninteressant; aber wenn es sich herausstellen sollte, daß es in Verbindung steht mit all den Rätseln, die mich plagen? Ich blieb auf meinem Zimmer und versuchte, alle vorgefaßten Meinungen aus meinen Gedanken zu verbannen, und ich ging alles noch einmal *de novo* durch, wobei ich einmal annahm, daß Annie Trevor eine Verbindung zu den Steinzeichen und den Augen an der Mauer hatte. Diese Annahme führte mich nicht sehr weit, und ich wollte schon an dem ganzen Problem verzweifeln und aufgeben, als mir eine mögliche Bedeutung der Schale kam. Sie wissen, daß es in Surrey eine sogenannte ›Teufelsschüssel‹ gibt, und ich sah, daß das Symbol sich auf eine Örtlichkeit der Gegend hier beziehen mochte. Indem ich die beiden entlegensten Elemente zusammenführte, beschloß ich, auf dem Weg des verschollenen Mädchens nach der Schale zu suchen, und Sie wissen: ich habe sie gefunden. Ich übersetzte nun die Zeichen im Lichte dessen, was ich wußte, und las das erste, die Armee, und die dann folgenden so: ›Es wird eine Versammlung oder Heerschau in der Schale in zwei Wochen (das ist der Halbmond) geben, um die Pyramide zu sehen oder die

Pyramide zu bauen.‹ Die Augen, eines nach dem anderen gemalt, Tag um Tag, zählten offensichtlich die Tage ab, und ich wußte, es würden vierzehn sein und nicht mehr. Soweit schien das Ganze ziemlich klar. Ich wollte mich nicht mit der Frage quälen, was das für eine Versammlung sein würde oder wer sich an dem einsamsten und am meisten gefürchteten Ort in diesen einsamen Hügeln versammeln sollte. In Irland oder China oder im amerikanischen Westen wäre die Frage leicht zu beantworten gewesen – ein Treffen von Rebellen, die Versammlung einer Geheimgesellschaft, der Aufmarsch von Vigilanten, die ihren Bericht zu geben hatten –, das wäre überaus naheliegend gewesen. Aber in diesem ruhigen Winkel Englands, bewohnt von ruhigen Menschen, waren solche Annahmen keinen Augenblick lang möglich. Doch wußte ich, daß ich Gelegenheit haben würde, die Versammlung zu sehen und zu beobachten, und wollte mich deshalb nicht mit hoffnungslosen Untersuchungen abmühen – und an die Stelle vernünftiger Erwägungen trat überdies ein wilder Schluß meiner Phantasie: Ich dachte daran, daß die Leute bei Annie Trevors Verschwinden gesagt hatten, die Elfen hätten sie geholt. Ich versichere Ihnen, Vaughan, ich bin so vernünftig wie Sie, mein Hirn ist, hoffe ich doch, kein leerer Raum, der jeder bizarren Unwahrscheinlichkeit als Tummelplatz dient – und ich tat mein Bestes, diese Phantasie zu verscheuchen. Doch fiel mir der alte Name der Elfen ein: »Das kleine Volk«, und die recht glaubhafte Meinung, daß sie die Erinnerung an die prähistorische turanische Bevölkerung des Landes darstellen, die aus Höhlenbewohnern bestand. Und dann wurde mir mit einem Schock klar, daß ich auf der Suche war nach einem Wesen, das weniger als vier Fuß groß war, in Dunkelheit lebt, Steinwerkzeuge besaß und vertraut war mit mongolischen Gesichtszügen! Ich will Ihnen sagen, Vaughan, daß ich mich schämen würde, solch visionäre Schemen auch nur anzudeuten, wenn da nicht das wäre, was Sie letzte Nacht mit eigenen Augen gesehen haben – und will auch sagen, daß ich vielleicht dem Zeugnis meiner eigenen Sinne mißtrauen würde, wenn die Ihren es nicht bestätigten. Aber Sie und ich, wir können einander nicht ins Gesicht sehen und so tun, als wäre dies nur Wahn. Als Sie neben mir im Gras lagen, habe ich gefühlt, wie Ihr Fleisch sich zusammenzog und bebte, und ich sah Ihre Augen im Schein der Flamme. Und so sage ich Ihnen ohne Scham, was meine Gedanken waren, als wir letzte Nacht durch den Wald gingen, den Hügel erstiegen und versteckt hinter dem Felsen lagen.

Eines, das mir ganz klar hätte sein müssen, hat mich bis zum Schluß verwirrt. Ich habe Ihnen gesagt, wie ich das Zeichen der Pyramide gelesen habe. Die Versammlung sollte eben eine Pyramide sehen, und die wahre Bedeutung des Symbols entging mir bis zum letzten Augenblick. Die alte Etymologie von πῦρ, Feuer, hätte mich auf die Spur bringen sollen, wenn sie auch philologisch falsch ist, doch es fiel mir nicht ein.

Ich glaube, viel mehr brauche ich nicht zu sagen. Sie wissen, daß wir vollkommen hilflos waren, auch wenn wir vorhergesehen hätten, was auf uns zukommen sollte. Ah, der Ort, an dem die Zeichen sich fanden? Ja, das ist eine interessante Frage. Aber dieses Haus liegt, soweit ich das überschaue, ziemlich zentral in dieser Hügellandschaft; und außerdem – wer kann sagen, ob die seltsame Kalksteinsäule an Ihrer Gartenmauer nicht ein Versammlungsort war, ehe noch die Kelten britischen Boden betreten hatten? Eines aber muß ich noch hinzufügen: Ich bedauere es nicht, daß wir nichts tun konnten, um das arme Mädchen zu retten. Sie kennen den Anblick jener Wesen, die in der Schale wimmelten und sich krümmten; Sie können dessen sicher sein, daß für das, was gefesselt in ihrer Mitte lag, auf dieser Erde kein Platz mehr war.«

»Also?« sagte Vaughan.

»Also ist sie in der Feuerpyramide dahingegangen«, sagte Dyson, »und jene sind in die Unterwelt zurückgegangen, an ihre Orte unter den Hügeln.«

Die Unterirdischen

Letzten August gingen verschiedene konfuse Klagen über das schlechte Benehmen von Kindern in bestimmten walisischen Badeorten um. Solche Berichte und unklaren Gerüchte lassen sich nur äußerst schwer zu den Anfängen und Urhebern zurückverfolgen – niemand weiß das besser als ich. Ich will hier nicht noch einmal alles wiederholen, aber ich fürchte, mittlerweile wünscht sich eine Menge Leute, meinen Namen lieber nie gehört zu haben – und eine beträchtliche Zahl von schätzenswerten Personen äußert sich sehr unvorteilhaft, was meine Aussichten in der nächsten Welt betrifft. Sie schreiben mir Briefe – manchmal im Tonfall freundlichen Tadels – und bitten mich, arme, verzweifelte Gemüter nicht des geringen Trostes zu berauben, den sie in ihrem Kummer noch haben. Andere schicken mir Traktätchen und rosafarbene Handzettel mit Hinweisen auf »die Tochter eines nicht unbekannten Domherrn«. Wieder andere beleidigen mich massiv und anonym. Und jetzt hat sich öffentlich in einem richtigen Buch Mr. Begbie mit mir befaßt, gerecht, aber hart, wie ich schon sagen muß.

Und alles war, von mir aus gesehen, so unschuldig, geradezu beiläufig.* Ein kleines Singvögelchen in Prosa, ließ ich mein schüchternes Zwitschern in den *Evening News* hören, weil ich das Gefühl hatte, die Geschichte von den »Bogen-

* Machen spielt hier auf seine großes Aufsehen erregende, 1914 nach der Schlacht bei Mons in den *Evening News* erschienene Erzählung »The Bowmen« an, in welcher St. Georg (der Nationalheilige Englands) mit den Bogenschützen der Schlacht von Agincourt der wankenden englischen Infanterie gegen die Deutschen zu Hilfe kommt – und auf seine dann folgenden Versicherungen, dies sei nur Fiktion. An der Rezeptionsgeschichte dieser – bis heute in okkulten Kompilationen als reales Ereignis mitgeteilten – patriotischen Legende läßt sich in der Tat die Mechanik des Gerüchts studieren. Anm. d. Ü.

schützen« gehöre erzählt. Ein Erfinder romantischer Phantasien ist, weiß Gott, eine armselige Kreatur, wenn die ganze Welt Krieg führt, aber ich dachte, es könnte jedenfalls nichts schaden, wenn ich in der Art und Weis' meines phantastischen Handwerks Zeugnis ablegte für meinen Glauben an den heroischen Ruhm der englischen Kämpfer, die sich fechtend und triumphierend von Mons zurückzogen.

Und dann war es irgendwie mit einem Male so, als hätte ich auf einen Knopf gedrückt und einen ungeheuerlichen, komplizierten Mechanismus von Gerüchten in Gang gesetzt, die wie beschworene Wahrheiten auftraten, von Klatsch, der sich als solides Beweismaterial gab, von wildem Geflunker, an das aufrechte Menschen hartnäckig glaubten. Das angebliche Zeugnis der »Tochter eines nicht unbekannten Domherrn« eroberte sich alle Gemeindeblättchen und erfreute sich auch bei der nicht-orthodoxen Geistlichkeit großer Beliebtheit. Die »Tochter« bestritt jede Kenntnis der Sache, aber die Leute zitierten weiterhin ihre für unfehlbar gehaltene Aussage, und das Ganze verwirrte sich mit – wahrscheinlich wahren – Geschichten von tragischen Halluzinationen und Delirien unserer Truppen auf dem Rückzug, Gesichten ermatteter und fast tödlich strapazierter Männer. Es wurde alles noch schlimmer als der Mythos von den »Russen«, und wie in jener Geschichte schien es unmöglich, die Ströme von Gerüchten an ihre Quelle zurückzuverfolgen – oder ihre verschiedenen Quellen. Wer war es denn, der gesagt hatte: »Miss M. kennt zwei Offiziere, und die –« und so weiter? Ich glaube, wir werden den Namen des Lügners und Betrügers nie erfahren.

Und so wird es wohl auch mit dieser eigenartigen Geschichte von den aufsässigen Kindern in der walisischen Küstenstadt gehen – oder, genauer gesagt, in einer Reihe von Städtchen und Dörfern in einem bestimmten Landesteil, einer Gegend, die ich nicht genauer benennen will, als es sich vermeiden läßt, da ich diese Landschaft liebe. Denn meine Erfahrungen mit den »Bogenschützen« haben mich kürzlich gelehrt, daß keine Geschichte so müßig zusammengesponnen sein kann, als daß sie nicht doch geglaubt würde. Und natürlich, um das gleich zu sagen, weiß auch hier kein Mensch, wo dieser merkwürdige, boshafte Klatsch zuerst aufgetaucht ist. Soweit ich sehe, ähnelte die Sache mehr dem Mythos von den Russen als der Geschichte von den Engeln von Mons. Das heißt, das weitererzählte Gerücht ging der gedruckten Version voraus, man sprach hier und dort von der Sache, erwähnte sie dort und hier in Briefen, lange ehe die Zeitungen etwas davon ahnten. Und – hier liegt eine ziemliche Ähnlichkeit mit der Geschichte von Mons – London und Manchester, Leeds und Birmingham raunten sich unerfreuliche Dinge zu, während die betroffenen Dörfer sich unschuldig im Schein eines ungewöhnlichen Wohlstandes sonnten.

In diesem letztgenannten Umstand ist, so glauben manche, überhaupt der Grund der ganzen Affäre zu suchen. Es ist allgemein bekannt, daß man in bestimmten Städten der Ostküste Luftangriffe befürchtete und daß eine ganze Anzahl der gewohnten Sommergäste zum ersten Mal in den Westen ging. Demgemäß gibt es die Hypothese, daß die Ostküste boshaft genug war, Gerüchte gegen die Westküste aus reinem Neid und Übelwollen auszustreuen. Es mag sein; ich gebe nicht vor, das genau zu wissen. Aber ich lasse nun ein persönliches Erlebnis folgen, das immerhin zeigt, wie das Gerücht sich verbreitete. Ich aß eines Tages in meiner gewohnten Wirtschaft in der Fleet Street zu Mittag – das war Anfang Juli –, und ein Freund von mir, ein Rechtsanwalt vom Serjeants' Inn, trat ein und setzte sich an meinen Tisch. Wir fingen an, von Ferienplänen zu reden, und mein Freund Eddis fragte mich, wohin ich zu fahren gedachte. »Wie immer«, antwortete ich. »Manavon. Wir fahren jedes Jahr dorthin, das wissen Sie doch.« »Tatsächlich?« sagte der Anwalt. »Ich dachte, die Küste dort sei nicht mehr das, was sie einmal war. Meine Frau hat eine Freundin, die hat gehört, daß es dort sehr nachgelassen hat.«

Es erstaunte mich, das zu hören, da ich mir nicht vorstellen konnte, wie ein kleines Dorf wie Manavon plötzlich nicht mehr sein könnte, »was es einmal war«. Ich kannte es seit zehn

Jahren: Manavon konnte etwa zwanzig Gäste aufnehmen, und es erschien mir nicht glaubhaft, daß seit dem August 1914 Reihen von Ferienbungalows errichtet worden sein sollten. Trotzdem fragte ich Eddis: »Wochenendausflügler?« – obwohl ich wußte, daß solche Touristen die Einsamkeit der Landschaft und des Meeres verabscheuen, daß ferner keine Industriestädte in preiswerter und praktischer Nähe lagen und daß drittens die Eisenbahnlinien während des Krieges keine Sonderrückfahrkarten ausstellten.

»Nein, das meine ich nicht«, antwortete der Anwalt. »Aber die Freundin meiner Frau kennt einen Pfarrer, der sagt, der Strand von Tremaen sei jetzt gar nicht mehr angenehm, und Tremaen ist doch nur ein paar Meilen von Manavon, oder?«

»Inwiefern nicht angenehm?« setzte ich mein Verhör fort. »Tingeltangelauftritte, Pierrots, Tanz und Gesang, in dieser Art?« Ich dachte mir, das könne nicht sein – die ernsten Felsen von Tremaen würden den lebhaftesten Pierrot erstarren lassen. Er wäre schnell zu einer Felszacke im Sand versteinert, und die Möwen hätten sein Lied mit davongetragen und an den einsamen, brandungshallenden Höhlen, die auf Avalon blicken, eine Klage daraus gemacht. Eddis sagte, von irgendwelchen Shows habe er nichts gehört; soweit er wüßte, seien seit Kriegsbeginn in der ganzen Gegend dort die Kinder völlig außer Rand und Band geraten.

»Schmutzige Ausdrücke, wissen Sie«, sagte er, »und all so was, schlimmer als die Kinder in den Slums hier in London. Man will ja nun nicht, daß Frau und Kinder so gemeine Redensarten mit anhören müssen, und schon gar nicht in den Ferien. Und es heißt, Castell Coch sei ganz unmöglich; keine anständige Frau würde sich dort sehen lassen!«

Ich sagte: »Wirklich, das ist sehr schade«, und wechselte das Thema. Ich kannte Castell Coch gut – eine kleine Bucht, von Dünen und roten Sandsteinkliffs mit üppigem Grün umschlossen. Ein kalter Fluß strömt dort ins Meer hinab; da stehen das verfallene Normannenschloß, die alte Kirche und das zerstreut gelegene Dorf; wahrlich ein Ort des Friedens, der Ruhe und von großer Schönheit. Die Menschen dort, Kinder wie Erwachsene, waren nicht nur anständige, sondern ausgesprochen höfliche Leute. Wenn man einem Kind, das ein Zauntor aufgemacht hatte, dankte, kam unweigerlich die Antwort: »Das ist gern geschehn, Herr.« Ich begriff überhaupt nichts mehr. Die Geschichten des Rechtsanwalts glaubte ich nicht; es blieb mir völlig unklar, worauf er hinauswollte. Und um alle unnütze Rätselhaftigkeit zu vermeiden, will ich nur gleich sagen, daß meine Frau, unser Kind und ich letzten August wieder nach Manavon fuhren und einen wunderbaren Urlaub dort verbrachten. Währenddessen waren wir uns keiner Belästigung bewußt, keines irgendwie unangenehmen Zwischenfalls. Später, muß ich gestehen, hörte ich eine Geschichte, die mich verwirrte und die mich immer noch erstaunt, und diese Geschichte könnte – wenn man sie gelten läßt – ein oder zwei in sich ganz unbedeutend scheinenden Umständen eine eigene Bedeutung verleihen.

Doch den ganzen Juli hindurch stieß ich auf die Spuren schlimmer Gerüchte über dieses so liebenswürdige Fleckchen Erde. Manche davon waren Wiederholungen des Eddis-Klatsches, andere malten seine unklare Erzählung aus und umrissen sie schärfer. Natürlich gab es keine Beweise aus erster Hand. Das gibt es in solchen Fällen nie. Aber A kannte B, der von C gehört hatte, daß das kleine Mädchen ihrer Kusine zweiten Grades von einer Horde junger walisischer Wilder angefallen und mißhandelt worden war. Dann zitierten die Leute einen »Arzt mit einer großen Praxis in einer bekannten Stadt in den Midlands« mit dem Urteil, Tremaen sei ein Sumpf jugendlicher Lasterhaftigkeit. Man hielt allgemein das Urteil eines kompetenten Mediziners für definitiv überzeugend, aber man machte sich nicht die Mühe, herauszufinden, wer dieser Doktor war oder ob es überhaupt einen gab – einen, heißt das, der in dieser Angelegenheit etwas zu sagen hatte. Dann schlich sich die Sache auf eine indirekte, beiläufige Weise und im Schutze diverser »Übrigens« in die Presse ein. Die Leute führten den Fall der imaginären verderbten Kinder als Beleg ihrer eigenen pädagogischen Theorien an. Die eine Seite meinte, die »unglücklichen Kleinen« wären durchaus anständig geblieben, wenn man sie gar nicht zur Schule geschickt hätte, die Gegner erklärten, daß weiterführende Schulen sie rasch bessern und zu guten Staatsbürgern machen würden. Dann wurden die unglücklichen Kinder von Arfonshire in Streitigkeiten über die walisische Kirchenpolitik und die Probleme der Bergleute hineingezogen – und sie gingen ihren gewöhnlichen Beschäftigungen nach und benahmen sich bewundernswert höflich wie immer. Ich wußte die ganze Zeit, daß all das Unsinn war, aber ich begriff durchaus nicht, was es zu bedeuten hatte, wer an den Drähten des Gerüchteklatsches zog und was für einen Zweck er damit verfolgte. Ich fragte mich nachgerade, ob der Druck, die Angst, die Spannung eines entsetzlichen Krieges nicht die Öffentlichkeit verrückt gemacht hatte, so daß sie bereit war, jedes Märchen zu glauben und die Gründe von Begebenheiten zu diskutieren, die sich nie begeben hatten. Schließlich fing man an, ganz unglaubliche Dinge zu flüstern: Kinder von Gästen waren nicht nur geschlagen, sondern gefoltert worden: einen kleinen Jungen hatte man gepfählt auf einem einsamen Feld bei Manavon gefunden; ein anderes Kind war auf den Klippen von Castell Coch in den Tod gelockt worden. Eine Londoner Zeitung schickte einen guten Reporter unauffällig nach Arfon, um Nachforschungen anzustellen. Er war eine Woche fort, kam dann wieder in sein Büro zurück und – in seinen eigenen Worten – »kippte die ganze Geschichte«. Es war an all diesen Gerüchten kein wahres Wort, sagte er, keine Spur einer Grundlage für den ganzen Klatsch, nicht einmal in seiner mildesten Form. Er hatte noch nie eine so schöne Landschaft gesehen, nie angenehmere Männer, Frauen und Kinder getroffen; es gab keinen einzigen Fall, daß jemand belästigt oder daß irgend jemandem ein Leid zugefügt worden war.

Doch die Geschichte wucherte ständig weiter und wurde immer monströser und unglaublicher. Ich war zu sehr damit beschäftigt, die Fortschritte meines eigenen mythologischen

Ungeheuers zu beobachten, um ihr viel Aufmerksamkeit zu schenken. Der Gemeindesekretär von Tremaen, zu dem die Legende schließlich durchgedrungen war, schrieb einen kurzen Brief an die Zeitungen, in dem er empört bestritt, daß es irgendeinen tatsächlichen Anhaltspunkt für die »ungesunden Gerüchte« gäbe, die, wie er hörte, in Umlauf waren. Etwa um diese Zeit fuhren wir nach Manavon und fühlten uns, wie schon gesagt, dort äußerst wohl. Das Wetter war vollkommen: ein paradiesisch blauer Himmel, die See ein leuchtendes Wunder von Olivgrün und Smaragd, das sich an den Felsen zu Purpur und Saphirglas verwandelte; weit draußen ein Dunst zauberischer Farben und Lichter, wo sich Meer und Himmel trafen. Arbeit und Sorge hatten mich geplagt; nichts fand ich nun schöner als das Ausruhen auf den thymianduftenden Wiesenbänken am Strand, wo ich im weiten Meer vor mir, in den kleinen Blumen um mich her unendlichen Trost und unendliche Erfrischung fand. Oder wir lagerten den ganzen Sommernachmittag auf einem Sims hoch in den grauen Klippen und sahen zu, wie die Brandung um die Felsen schäumte und strudelte, und lauschten dem Dröhnen in den Felsspalten und Kavernen drunten. Später, wie gesagt, überlief es mich bei ein, zwei Geschichten kalt. Aber zur Zeit des Geschehens war dies gar nichts. Man sieht einen Mann mit einem merkwürdigen weißen Hut vorbeigehen und denkt sich wenig oder nichts dabei. Hört man später, daß ein Mann mit eben so einem Hut fünf Minuten davor in der Nachbarstraße einen Mord begangen hat, dann findet man in dem Hut etwas Interessantes und Bedeutungsvolles. »Komische Kinder« war die Formulierung, die mein kleiner Junge benutzte; und nachher dachte ich mir, daß sie in der Tat »komisch« gewesen waren.

Wenn es einen Schlüssel zu dieser ganzen eigenartigen Angelegenheit gibt, so ist er, glaube ich, in einem Gespräch zu finden, das ich vor nicht allzu langer Zeit mit einem Freund namens Morgan führte. Er ist Waliser und ein Träumer, und manche sagen, er sei wie ein Kind, das erwachsen geworden ist und doch nicht wie die anderen Menschenkinder ein Erwachsener. Obwohl ich während meiner Zeit in Manavon nichts davon wußte, verbrachte er seine Ferien in Castell Coch. Er war ein einsamer Mann und liebte einsame Orte, und als wir uns im Herbst begegneten, erzählte er mir, wie er einen Tag um den anderen in einem Korb sein Brot und Bier und seinen Käse auf eine entlegene Landspitze jener Küste hinaustrug, die man die Alte Burg nennt. Hier stehen hoch über den Wassern mächtige ernste Rasenwälle, Ringmauern, vom Verstreichen vieler Tausend Jahre gerundet und geglättet. Am einen Ende dieses uralten Ortes steht ein Tumulus, ein Aussichtsturm vielleicht, und darunterhin schleicht der grüne, trügerische Graben, der sich ins Herz der Burg hinein zu krümmen scheint, aber in Wirklichkeit auf nackten Fels hinabführt, zu einer jähen Klippe über dem Meer.

Hierher kam Morgan täglich, wie er sagte, um von Avalon zu träumen und sich zu reinigen vom Qualm und Schmutz der Straßen.

Und so geschah es, erzählte er mir, daß er mit unvergleichlichem Entsetzen eines Nachmittags, als er halb schlief und träumte und dann und wann die Augen aufschlug, um das magische Wunder des Meeres zu betrachten, als er dem tausendfältigen Rauschen der Wellen lauschte, sein Sinnen von einem plötzlichen Ausbruch schrecklich heiseren Geschreis unterbrochen fand – von Kinderschreien dazu, doch waren es Kinder niederster Art. Morgan sagt, daß schon die Stimmen an sich ihn erschauern ließen – »Sie waren für das Ohr, was Schleim für den Tastsinn ist« –, und dann die Worte: jede Obszönität, jede Widerwärtigkeit; Blasphemien, die wie Schläge in den Himmel trafen und die rein leuchtenden Tiefen verpesteten! Er war zutiefst erstaunt. Er spähte über den grünen Burgwall hinweg, und da im Graben erblickte er einen Schwarm abscheulicher Kinder, fürchterliche kleinwüchsige Kreaturen mit Greisengesichtern, aufgeblähten Gesichtern, mit tiefliegenden kleinen Augen, funkelnden

Augen. Es war schlimmer, als auf ein Schlangennest oder einen Klumpen Würmer zu stoßen.

Nein; er wollte nicht beschreiben, womit sie beschäftigt waren. »Lesen Sie nach, was in Belgien geschehen ist«, sagte Morgan, »und bedenken Sie: sie können nicht älter gewesen sein als fünf oder sechs.« Es gab keine Infamie, sagte er, die sie nicht begingen; sie ließen keinen Greuel der Grausamkeit aus. »Ich sah Blut in Strömen fließen, und sie schrien vor Lachen, aber später konnte ich keine Spur davon im Gras mehr finden.«

Morgan sagte, er habe zugesehen und sei nicht in der Lage gewesen, ein Wort zu sagen; es war, als hielte eine Hand seinen Mund verschlossen. Endlich gewann er seine Stimme wieder und schrie die Kreaturen an. Sie brachen in gellendes obszönes Gelächter aus und schrien zurück, um sich dann zu zerstreuen und zu verschwinden. Er fand sie nicht wieder; er nimmt an, sie hätten sich im dichten Farnkraut hinter der Alten Burg versteckt.

»Manchmal begreife ich meinen Wirt in Castell Coch nicht«, fuhr Morgan fort. »Er ist der Postvorsteher im Dorf und hat einen kleinen Bauernhof. Ein anständiger, freundlicher, ganz gewöhnlicher Mann. Aber manchmal redet er seltsam daher. Ich habe ihm von diesen widerlichen Kindern erzählt und mich gefragt, wer die wohl sein könnten, als er plötzlich auf Walisisch zu reden anfing, etwas über ›die Schlacht, die geschlagen wird Zeitalter um Zeitalter, und das alte Volk hat seinen Genuß daran‹.«

Soweit Morgan. Es war offensichtlich, daß er gar nichts davon begriff. Aber diese seltsame Geschichte rief mir ein, zwei merkwürdige Vorfälle ins Gedächtnis zurück: wie mein kleiner Junge mehr als einmal weiter als sonst umhergestreift war und sich in den Dünen verlaufen hatte, um dann schreiend angerannt zu kommen, voller Schrecken, und von »komischen Kindern« stammelte. Wir achteten nicht weiter darauf und sahen auch nicht nach, soweit ich weiß, ob irgendwelche Kinder in den Dünen herumwanderten oder nicht. Wir waren seine kleinen Phantasien gewohnt.

Doch als ich Morgans Geschichte gehört hatte, interessierte mich die Sache, und ich schrieb einen Bericht darüber an meinen Freund, den alten Doktor Duthoit in Hereford. Und er:

»Sie waren sichtbar und hörbar nur für Kinder und für die, welche wie Kinder waren. Das erklärt, was Sie zuerst verwundert hat: Wie entstanden die Gerüchte? Aus Kinderzimmergerede, aus Fragmenten und Satzfetzen und Verballhornungen, wenn Kinder Entsetzlichkeiten nachplapperten, die sie nicht verstanden, aus Wörtern, welche die Kindermädchen und die Mütter schamrot machten.

Dieses kleine unterirdische Volk erhebt sich und frohlockt in Zeiten wie den unseren. Denn sie sind froh, wie der Waliser sagte, wenn sie wissen, daß die Menschen tun wie sie.«

Die rote Hand

1. Die Angelhakendiskussion

»Es kann überhaupt keinen Zweifel geben«, sagte Mr. Phillipps, »meine Theorie ist richtig, und diese Feuersteinsplitter sind vorgeschichtliche Angelhaken.«

»Schon möglich. Aber im Grunde wissen Sie doch genau, daß die Dinger sehr wahrscheinlich vor ein paar Wochen mit einem Küchentürschlüssel nachgemacht worden sind.«

»Unsinn!« sagte Phillipps. »Ich habe einen gewissen Respekt vor Ihren literarischen Fähigkeiten, Dyson, aber Ihre ethnologischen Kenntnisse sind unbedeutend oder, besser gesagt, inexistent. Diese Angelhaken halten jeder Prüfung stand; sie sind absolut echt.«

»Möglich – aber wie ich eben sagte, fangen Sie am falschen Ende an. Sie ignorieren all die Möglichkeiten, die Ihnen an jeder Straßenecke begegnen und Sie überall erwarten; Sie schrecken zurück vor der Chance, im Wirbel dieser geheimnisvollen Stadt dem primitiven Menschen gegenüberzustehen, und verbringen die langen Stunden ihres komfortablen Rentnerlebens im Red Lion Square mit dem Hin- und Herschieben von Feuersteinchen, die wie gesagt höchstwahrscheinlich krasse Fälschungen sind.«

Phillipps nahm einen der kleinen Gegenstände und hielt ihn enerviert in die Höhe.

»Sehen Sie sich den Grat an!« sagte er. »Haben Sie bei einer Fälschung je einen solchen Grat gesehen?«

Dyson brummte nur vor sich hin und zündete sich die Pfeife an. Die beiden saßen rauchend in behaglichem Schweigen da und schauten durch das offene Fenster den Kindern unten auf dem Platz zu, die im Laternendämmerlicht hin und her schossen, erschienen und verschwanden wie Fledermäuse am Rand eines dunklen Waldes.

»Nun«, sagte Phillipps endlich, »es ist wirklich lange her, seit Sie das letzte Mal hier waren. Sie haben wohl an Ihrer gewohnten Arbeit gesessen.«

»Ja«, sagte Dyson, »wie immer – die Hatz auf den vollkommenen Satz. Bei dieser Jagd werde ich alt. Aber es ist ein großer Trost, wenn man der Tatsache nachsinnt, daß es gewiß kein Dutzend Menschen in England gibt, die einen Begriff davon haben, was Stil ist.«

»Das wird wohl stimmen. Das Studium der Ethnologie ist, davon abgesehen, auch kaum sehr populär. Und die Schwierigkeiten dabei! Die primitive Menschheit steht schattenhaft in weiter Ferne hinter dem Abgrund der Jahre.«

»Übrigens«, fuhr er nach einer Pause fort, »was haben Sie da zusammengeredet – daß man zurückschrickt vor der Chance, dem primitiven Menschen an der Straßenecke zu begegnen, oder wie? Es gibt natürlich eine Menge Leute mit sehr primitiven Ideen.«

»Phillipps, Sie sollten meine Bemerkungen nicht ins banal Rationale ziehen. Wenn ich mich richtig an den Satz erinnere, so habe ich angedeutet, daß Sie vor der Chance zurückschrekken, im Wirbel der geheimnisvollen Stadt dem primitiven Menschen gegenüberzustehen, und das habe ich ganz wörtlich so gemeint. Wer kann dem Überleben alter Formen eine Grenze setzen? Der Troglodyt und der Pfahlbaubewohner, vielleicht Repräsentanten noch finsterer Rassen, mögen durchaus in unserer Mitte lauern, Schulter an Schulter mit einer Menschheit in Frack und Abendkleid – und im Herzen wie Wölfe gieren und kochen vor gemeiner Leidenschaft aus Sumpf und schwarzer Höhle. Gelegentlich sehe ich beim Spazierengehen in Holborn oder in der Fleet Street ein Gesicht, das ich für verrucht erklären muß, und könnte doch keinen Grund angeben, weshalb ein Erschauern des Ekels mich durchrinnt.«

»Mein lieber Dyson, ich weigere mich, Ihr literarisches Probierstübchen zu betreten. Ich weiß, daß alte Formen überleben, aber alles hat seine Grenzen, und Ihre Spekulationen sind absurd. Fangen Sie mir Ihren Troglodyten ein, dann erst glaube ich an ihn.«

»Ich pflichte Ihnen von ganzem Herzen bei«, sagte Dyson und lachte in sich hinein. Wie leicht es doch war, Phillipps zu ködern. »Nichts wäre mir angenehmer. Es ist ein schöner Abend für einen Gang durch die Stadt.« Und er nahm seinen Hut.

»Was für einen Nonsens reden Sie daher, Dyson!« sagte Phillipps. »Immerhin, gegen einen Spaziergang mit Ihnen habe ich nichts einzuwenden – der Abend ist schön, da haben Sie recht.«

»Dann kommen Sie!« sagte Dyson mit breitem Lächeln, »aber denken Sie an unsere Übereinkunft.«

Die beiden traten auf den Platz hinaus und nahmen durch eine der schmalen Gassen einen Weg nach Nordosten. Als sie über eine grell erleuchtete Durchgangsstraße kamen, konnten sie in den Pausen zwischen dem Kindergeschrei und dem triumphalen »Gloria« eines Leierkastens das tiefe, langgedehnt rollende Summen des Straßenverkehrs in Holborn hören, ein so hartnäckiges Geräusch, daß es hallte wie ewig sich drehende Räder. Dyson spähte nach rechts und links und legte sich seine Route zurecht. Bald gingen sie durch ein friedlicheres Viertel, an öden Plätzen vorüber und durch schweigende Straßen, schwarz wie die Mitternacht. Phillipps hatte völlig die Orientierung verloren, und wie nun nach und nach das verblichen anständige Viertel überging in eine Nachbarschaft voll dreckiger und abgerissener Stuckfassaden, die das Auge des künstlerisch gesinnten Betrachters beleidigten, bemerkte er nur, daß er noch nie eine so unangenehme und gewöhnliche Gegend gesehen hatte. »Eine so geheimnisvolle, meinen Sie wohl!« sagte Dyson. »Seien Sie gewarnt, Phillipps, wir sind nun auf heißer Fährte.«

Sie tauchten noch tiefer in ein Labyrinth aus Backsteinmauern ein; einige Zeit zuvor hatten sie eine lärmende Straße gekreuzt, die ost-westlich verlief, und jetzt schien das Viertel amorph und gesichtslos – hier ein respektables Haus mit einem recht großen Garten, da ein schäbiger Platz, dort Fabriken mit hohen fensterlosen Mauern, Sackgassen und dunklen Winkeln; alles aber nur schwach beleuchtet, menschenleer und voll lastender Stille.

Schließlich gewahrte Dyson, als sie eine verlassene Straße zwischen zweistöckigen Häusern hinabschritten, undeutlich die Ecke einer finsteren Nebenstraße.

»Das sieht nicht schlecht aus«, sagte er, »das gefällt mir. Vielversprechend!« An der Straßenecke stand eine Laterne, und eine zweite sah man als bloßen trüben Schimmer am fernen Ende des Sträßchens. Unter der Lampe hatte tagsüber offensichtlich ein Maler seine Akademie eingerichtet, denn die Pflastersteine zeigten krude, ineinander verwischte Farben, und an der Mauer lagen in einem kleinen Häufchen abgebrochene Kreidestücke.

»Da sieht man, daß doch gelegentlich Leute hier vorbeikommen«, sagte Dyson und deutete auf die Überreste der Schöpfung des Pflastermalers. »Ich muß gestehen, ich hätte es nicht für möglich gehalten. Kommen Sie, stellen wir unsere Nachforschungen an.«

Auf der einen Seite dieses entlegenen Sträßchens lag ein weiter Holzhof, dessen ungestalte Stapel über seine Mauer ragten, und gegenüber schien eine noch höhere Mauer einen Garten zu umschließen, denn man erkannte Schattenformen wie von Bäumen, und ein schwaches Raunen raschelnder Blätter drang durch das Schweigen. Es war eine Neumondnacht, und das Gewölk, das sich nach Sonnenuntergang zusammengezogen hatte, war immer schwärzer geworden. In der Mitte zwischen den schwächlichen Straßenlaternen lag die Gasse ganz dunkel und gestaltlos da – und wenn man innehielt und lauschte und der scharfe Hall der Schritte verklungen war, dann drang von weit her, wie von jenseits eines Gebirges, das leise Rollen des Lärms von London. Phillipps nahm gerade seine Courage zusammen, um zu der Erklärung anzusetzen, er habe nun genug von diesem Ausflug, als ein Aufschrei Dysons ihn verstörte.

»Bleiben Sie stehn, bleiben Sie stehen, um Himmels willen, oder Sie treten drauf! Da! Zu Ihren Füßen!« Phillipps sah hinab und erblickte einen undeutlichen Umriß – dunkel, und von größerer Dunkelheit umgeben, seltsam auf den Bürgersteig hingeworfen, und dann erglänzte einen Augenblick lang eine weiße Manschette, als Dyson ein Streichholz anriß, das sofort wieder erlosch.

»Das ist ein Betrunkener«, sagte Phillipps sehr gelassen.

»Das ist ein Ermordeter«, sagte Dyson, und er fing an, aus Leibeskräften nach der Polizei zu schreien. Bald hörte man aus der Ferne den Hall rennender Schritte und dann Rufe ertönen.

Ein Polizist näherte sich als erster.

»Was gibt's?« fragte er, als er keuchend zum Stehen kam. »Stimmt hier was nicht?« Er hatte nicht gesehen, was auf dem Gehsteig lag.

»Schauen Sie!« kam Dysons Stimme aus dem Halbdunkel. »Schauen Sie da! Mein Freund und ich sind vor drei Minuten hier entlanggekommen, und das dort haben wir gefunden.«

Der Mann ließ seine Blendlaterne auf die dunkle Form scheinen und schrie leise auf.

»Mord!« sagte er. »Da ist ja lauter Blut um ihn herum, und eine ganze Lache dort im Rinnstein. Lang ist er noch nicht tot. Ah! Da ist die Wunde! Hier im Hals.«

Dyson beugte sich über das, was da lag. Er sah einen wohlbemittelten Gentleman in gut geschnittener, eleganter Kleidung. Der sauber gestutzte Backenbart war schon ein klein wenig grau – er mochte vor einer Stunde fünfundvierzig Jahre alt gewesen sein; eine schöne goldene Uhr war halb aus der Westentasche geglitten. Und da im Fleisch des Halses, zwischen Kinn und Ohr, klaffte eine große Wunde, ein sauberer Schnitt, doch ganz mit halbgetrocknetem Blut überkrustet, und die Weiße der Wangen leuchtete wie eine Lampe über dem Rot.

Dyson erhob sich und sah sich neugierig um. Der Tote lag quer über dem Gehsteig, den Kopf zur Mauer geneigt, und das Blut aus der Wunde strömte über das Pflaster und endete als dunkle Lache, wie der Polizist gesagt hatte, im Rinnstein. Zwei weitere Polizisten traten nun dazu, eine Menschenmenge strömte erregt schwatzend aus allen Richtungen zusammen, und die Beamten hatten genug zu tun, die Schaulustigen zurückzudrängen. Die drei Laternen blinkten hier und dort und suchten nach weiteren Spuren. Im Schein der einen sah Dyson auf der Straße einen Gegenstand, auf den er den zunächststehenden Polizisten aufmerksam machte.

»Schauen Sie, Phillipps«, sagte er, als der Mann das Objekt geborgen hatte und es in die Höhe hielt. »Schauen Sie! Das fällt wohl in Ihr Fach.«

Es war ein dunkler Stein, einem Stück Feuerstein ähnlich, glänzend wie Obsidian und zu einem breiten Klingengrat geformt, fast wie eine Krummaxt. Das eine Ende war rauh und ließ sich leicht greifen; der ganze Gegenstand war kaum fünf Zoll lang. Die Kante war blutbedeckt.

»Was ist das, Phillipps?« fragte Dyson, und Phillipps betrachtete das Ding genau.

»Ein primitives Feuersteinmesser«, sagte er. »Es ist vor etwa zehntausend Jahren gemacht worden. Genau so eins ist in der Nähe von Abury in Wiltshire gefunden worden, und alle Experten schreiben ihm dieses Alter zu.«

Die Polizisten rissen erstaunt die Augen auf, was der Fall da für eine Wendung nahm, und Phillipps stand in starrem Erstaunen über seine eigenen Worte. Mr. Dyson beachtete ihn jedoch nicht. Ein Inspektor, der nun eingetroffen war und sich den bisherigen Kenntnisstand schildern ließ, hielt eine Lampe an das Haupt des toten Mannes. Dyson seinerseits fixierte mit weißglühender Neugier etwas an der Mauer gerade oberhalb des Toten: es waren ein paar grob gemalte Zeichen in roter Kreide.

»Eine üble Geschichte«, sagte der Inspektor schließlich. »Weiß jemand, wer das ist?«

Ein Mann trat aus der Menge vor. »Ich weiß es, Chef«, sagte er, »das ist ein Arzt, ein großes Tier, er heißt Sir Thomas

Vivian; ich war im Krankenhaus vor ’nem halben Jahr, da ist er immer vorbeigekommen, ein sehr freundlicher Herr war das.«

»Gottes willen!« rief der Inspektor, »Sir Thomas Vivian besucht die Königliche Familie – eine arge Affäre. Und in der Tasche hat er eine Uhr, die hundert Guineen wert ist. Um einen Raubüberfall handelt sich’s hier nicht.«

Dyson und Phillipps gaben dem Beamten ihre Karten und gingen davon, wobei sie sich den Weg mit Mühe durch die immer noch rasch wachsende Menge bahnen mußten; die Seitenstraße, die einsam und öde dagelegen hatte, wimmelte nun von neugierig starrenden Gesichtern und summte vor entsetzten Gerüchten, durch die Befehlsrufe der Polizei klangen. Als sich die beiden losgemacht hatten vom Schwarm der Gaffer, schritten sie rasch aus, doch während zwanzig Minuten sprach keiner ein Wort.

»Phillipps«, sagte Dyson, als sie in eine kleine, doch heitere Straße kamen, sauber und hell erleuchtet, »Phillipps, ich muß mich bei Ihnen entschuldigen. Es war nicht richtig, so daherzureden wie ich es heute abend getan habe. Solch infame Albernheit«, fuhr er zornig fort, »als gäbe es keine gesünderen Witze! Ich komme mir vor, als hätte ich einen Dämon heraufbeschworen.«

»Sprechen Sie um Gottes willen nicht weiter darüber!« sagte Phillipps, der mit sichtlicher Anstrengung sein Erschauern überwand. »Sie haben in meiner Wohnung die Wahrheit gesagt. Der Troglodyt lauert noch auf Erden, in unmittelbarer Nähe hier auf den Straßen, und mordet aus reiner Blutlust.«

»Ich komme noch einen Augenblick mit hinauf«, sagte Dyson, als sie den Red Lion Square erreichten, »ich möchte Sie etwas fragen. Jedenfalls glaube ich, daß es zwischen uns kein Geheimnis geben sollte.«

Phillipps nickte düster, und sie gingen hoch in die Wohnung, wo alles im ungewissen Schimmer des von draußen hereinfallenden Lichtes schwebte. Als die Kerze entzündet worden war und die beiden Männer einander gegenüber saßen, begann Dyson:

»Vielleicht«, sagte er, »ist es Ihnen nicht aufgefallen, daß ich die Mauer betrachtet habe, gerade an der Stelle unmittelbar über dem Kopf. Die Lampe des Inspektors leuchtete dorthin; ich sah etwas, was mir merkwürdig erschien, und ich habe es genau beschaut. Ich habe entdeckt, daß jemand mit roter Kreide den groben Umriß einer Hand – einer Menschenhand – an die Wand gemalt hat. Aber es war die seltsame Haltung der Finger, die mir auffiel; die waren so –«, und er nahm einen Bleistift und ein Stück Papier und zeichnete rasch etwas, um das Ergebnis Phillipps hinüberzureichen. Es war die grobe Skizze eines Handrückens mit geschlossenen Fingern, wobei die Spitze des Daumens zwischen Zeige- und Mittelfinger hervorsah und hinabdeutete, wie auf etwas unten Befindliches.

»Genau so war es«, sagte Dyson, als er sah, wie sich Phillipps' Gesicht noch blasser färbte. »Der Daumen wies nach unten, als zeige er auf die Leiche – es schien mir fast eine lebende Hand mit gräßlicher Geste. Und gleich darunter war eine kleine Stelle mit Kreidestaub darauf – als hätte jemand einen Strich begonnen, und die Kreide wäre ihm in der Hand abgebrochen. Ich sah das Stück Kreide auf dem Boden liegen. Aber was halten Sie davon?«

»Es ist ein furchtbares altes Zeichen«, sagte Phillipps, »eines der furchtbarsten Zeichen, die man mit der Theorie des Bösen Blicks in Verbindung bringt. Es ist in Italien noch in Gebrauch, aber es besteht kein Zweifel, daß es seit uralten Zeiten bekannt war. *Das* ist eine alte Form, die überlebt hat; ihren Ursprung müssen Sie in dem schwarzen Sumpf suchen, dem der Mensch einst entstiegen ist.«

Dyson nahm seinen Hut, um aufzubrechen.

»Ich glaube, Scherz beiseite«, sagte er, »daß ich mein Versprechen gehalten habe und daß wir auf einer heißen Fährte waren, wie ich sagte, und es noch sind. Es scheint, als hätte ich Ihnen jedenfalls den primitiven Menschen gezeigt oder doch zumindest sein Werk.«

2. Die Episode mit dem Brief

Etwa einen Monat nach dem sensationellen und geheimnisvollen Mord an Sir Thomas Vivian, dem bekannten und allgemein geachteten Herzspezialisten, suchte Mr. Dyson wieder seinen Freund Mr. Phillipps auf, den er nicht wie üblich in angestrengte Studien versunken antraf, sondern gemütlich in seinen Sessel gestreckt fand. Er begrüßte Dyson wohlwollend.

»Es freut mich sehr, daß Sie da sind«, begann er, »ich hatte schon daran gedacht, bei Ihnen vorbeizukommen. Es gibt jetzt nicht mehr den allergeringsten Zweifel in jener Sache.«

»Sie meinen den Fall Sir Thomas Vivian?«

»Nicht doch, keineswegs. Ich rede von dem Problem mit den Angelhaken. Ich war unter uns ein wenig zu vorschnell, als Sie das letzte Mal da waren, aber seitdem sind andere Fakten aufgetaucht, und gestern habe ich einen Brief von einem berühmten Akademiemitglied erhalten, der alles endgültig klärt. Ich habe mir überlegt, was ich als nächstes angehen soll, und ich glaube fast, es ließe sich einiges zum Thema der angeblich unentzifferbaren Inschriften machen.«

»Dieses Ihr Interesse ist sehr schätzenswert«, sagte Dyson. »Ich glaube, das kann sich noch als nützlich erweisen. Aber einstweilen war doch sicher etwas sehr Geheimnisvolles am Tod von Sir Thomas Vivian.«

»Ich glaube kaum. Ich habe mich in jener Nacht erschrekken lassen – aber es kann kein Zweifel daran bestehen, daß sich die Fakten auf vergleichsweise alltägliche Art erklären lassen.«

»Tatsächlich! Und wie lautet Ihre Theorie?«

»Nun, ich könnte mir denken, daß Vivian irgendwann im Laufe seines Lebens in ein etwas unschönes Abenteuer verwickelt war und aus Rache von irgendeinem Italiener ermordet wurde, dem er ein Unrecht getan hatte.«

»Warum einem Italiener?«

»Wegen der Hand – dem Zeichen des *mano in fica*. Diese

Geste wird heutzutrage nur noch in Italien verwendet. Sie sehen also, daß eben das, was als rätselhaftester Zug des Falles erschien, ihn erklären hilft.«

»In der Tat. Und das Feuersteinmesser?«

»Das ist sehr einfach. Der Mann hat das Ding in Italien gefunden oder möglicherweise in irgendeinem Museum gestohlen. Gehen Sie den Weg des geringsten Widerstandes, mein Bester, und Sie werden sehen, wie überflüssig es ist, die primitive Menschheit aus ihren alten Gräbern im Schatten der Berge heraufzubeschwören.«

»Es ist nicht ganz unberechtigt, was Sie da sagen«, meinte Dyson. »Wenn ich Sie richtig verstehe, glauben Sie also, Ihr Italiener hat nach der Ermordung Vivians die Hand entgegenkommenderweise als Hinweis für Scotland Yard hingemalt?«

»Warum nicht? Bedenken Sie, ein Mörder ist stets und immer ein Verrückter. Er mag neun Zehntel seines Planes mit dem souveränen Scharfsinn eines Schachspielers oder eines Mathematikers entwerfen, aber irgendwo verläßt ihn der Verstand, und er benimmt sich wie ein Idiot. Dann dürfen Sie auch die wahnsinnige Eitelkeit, den Stolz des Verbrechers nicht außer acht lassen – er hinterläßt gerne seine Signatur, sozusagen, an seinem Werk.«

»Ja, das ist alles sehr sinnreich, aber haben Sie den Bericht über die gerichtliche Untersuchung gelesen?«

»Nein, kein Wort. Ich habe lediglich meine Aussage gemacht, den Saal verlassen und das Thema als erledigt betrachtet.«

»Ah ja. Dann würde ich Ihnen gerne, wenn Sie nichts dagegen haben, einen kurzen Bericht über den Fall geben. Ich habe ihn sehr eingehend studiert, und ich muß gestehen, er interessiert mich außerordentlich.«

»Gut denn. Aber ich warne Sie: Mit dem Geheimnisvollen habe ich nichts mehr zu schaffen. Wir wollen uns ausschließlich an die Tatsachen halten.«

»Ja, Tatsachen sind es, die ich Ihnen vorlegen möchte. Und dies ist die erste: Als die Polizei den Leichnam von Sir Thomas Vivian aufhob, fand man darunter ein aufgeklapptes Messer. Es war eine gemein aussehende Waffe, wie Seeleute sie tragen, mit einer Klinge, die durch das bloße Öffnen starr fixiert wird – und da lag die Klinge, bereit, nackt und glänzend, aber ohne eine Spur von Blut, und das Messer stellte sich als nagelneu heraus; es war noch nie benutzt worden. Nun sieht es auf den ersten Blick so aus, als wäre Ihr chimärischer Italiener genau der Mann, solch ein Werkzeug bei sich zu tragen. Aber überlegen wir einen Augenblick. Würde er wohl ein neues Messer kaufen, eigens, um damit einen Mord zu begehen? Und zweitens, wenn er ein solches Messer hatte, warum gebrauchte er es nicht anstatt der sehr merkwürdigen Feuersteinklinge?

Und nun folgendes. Sie glauben, der Mörder hat die Hand nach dem Mord mit Kreide hingemalt, eine Art ›Der melodramatische Italiener war hier‹. Wenn wir einmal die Frage beiseite lassen, ob ein wahrer Verbrecher je eine solche Handlung begeht, möchte ich doch darauf hinweisen, daß nach der medizinischen Analyse Sir Thomas Vivian nicht länger als eine Stunde tot gewesen war. Damit fällt der Messerstich auf etwa dreiviertel zehn, und Sie wissen, daß es bereits vollkommen dunkel war, als wir um halb zehn das Haus verließen. Und diese Nebenstraße war ganz außerordentlich düster und schwach beleuchtet, und die Hand war zwar grob, aber doch ganz richtig und ohne die Irrtümer und Fehlstriche gezeichnet, die unvermeidlich sind, wenn man im Dunkeln oder mit geschlossenen Augen zu malen versucht. Versuchen Sie nur einmal, eine so einfache Figur wie ein Quadrat zu zeichnen, ohne aufs Papier zu sehen! Dann werden Sie kaum von mir verlangen, zu glauben, daß Ihr Italiener, auf den schon der Galgen wartet, die Hand so sicher und geschickt auf die Mauer malen konnte, im tiefen Schatten dieser Gasse! Das ist absurd. Folglich ist die Hand schon früh am Abend gemalt worden, lange bevor irgendein Mord begangen wurde, oder aber – geben Sie gut acht, Phillipps! – sie ist gemalt worden von jemandem, dem Dunkelheit und Düsternis vertraut und gewohnt waren; von jemandem, dem die Furcht vor dem Galgen unbekannt ist!

Und weiter: in Sir Thomas' Tasche fand sich ein merkwürdiger Brief. Umschlag und Briefbogen waren gewöhnliches Papier, und die Marke war im Zentralpostamt West gestempelt. Ich komme noch zum Inhalt, aber vor allem die Frage der Handschrift ist bei diesem Brief bemerkenswert. Die Adresse auf dem Umschlag ist in einer kleinen, präzisen Schrift säuberlich angegeben, aber der Brief selbst hätte von einem Perser geschrieben sein können, der sich das englische Alphabet angeeignet hat. Die Schrift ist steil, und die Buchstaben seltsam gewunden, mit affektiert betonten Horizontalstrichen und Rückwärtsbiegungen, die mich wirklich an ein orientalisches Manuskript erinnerten, obwohl alles durchaus lesbar war. Aber – und hier wird es rätselhaft – beim Durchsuchen der Westentaschen des Toten fand man ein kleines Notizbuch; es war beinahe zur Gänze mit Bleifstiftnotaten gefüllt. Diese Aufzeichnungen haben im wesentlichen privaten Charakter – Verabredungen mit Freunden, Theaterpremieren, die Adresse eines guten Hotels in Tours und der Titel eines neuen Romans; nichts annähernd Intimes. Und dieses ganze Notizbuch ist in einer Schrift, die fast identisch ist mit derjenigen des Briefs in der Jackettasche des Toten! Der Unterschied ist gerade groß genug, daß der Experte sich in der Lage sah, zu beschwören, die beiden Schriftstücke stammten nicht von derselben Hand. Ich lese Ihnen nur soviel von Lady Vivians Aussage vor, wie sich auf diesen Punkt mit der Handschrift bezieht; ich habe den Abdruck des Protokolls hier. Hier, sehen Sie, sagt sie: ›Ich habe meinen verstorbenen Mann vor sieben Jahren geheiratet; ich habe nie einen Brief an ihn zu Gesicht bekommen, der in einer Handschrift adressiert gewesen wäre, die der auf dem hier vorgelegten Umschlag entspricht. Ich habe meinen Gatten nie das Notizbuch benutzen sehen, aber ich bin sicher, er hat die Aufzeichnungen darin gemacht; ich bin mir dessen deshalb gewiß, weil wir letzten Mai im Hotel du Faisan, Rue Royale, in Tours gewesen sind, und das ist die Adresse in dem Buch; ich erinnere mich daran, daß er sich den Roman Ein *treuer Wächter* vor etwa sechs Wochen aus der Leihbücherei hat kommen lassen. Sir Thomas Vivian versäumte ungern eine Theaterpremiere. Seine gewöhnliche Handschrift war von der in dem Notizbuch ganz verschieden.‹

Und zuletzt kommen wir zu dem Brief selber. Da haben wir ein Faksimile. Ich verdanke seinen Besitz der Freundlichkeit von Inspektor Cleve, den mein Amateureifer amüsiert. Lesen Sie ihn, Phillipps! Sie erzählen mir, daß Sie sich für obskure Inschriften interessieren; hier haben Sie etwas zum Entziffern.«

Mr. Phillipps nahm das Stück Papier, wider Willen fasziniert von den seltsamen Umständen, die Dyson mitgeteilt hatte, und betrachtete es prüfend. Die Handschrift war in der Tat höchst bizarr und, wie Dyson bemerkt hatte, persischen Zeichen nicht unähnlich, was die Gesamtwirkung anging, doch war sie einwandfrei leserlich.

»Lesen Sie's laut!« sagte Dyson, und Phillipps gehorchte.

»Die Hand hat nicht vergeblich gewiesen. Nicht länger ist unklar, was die Sterne sagen. Sonderbarerweise ist der schwarze Himmel gestern verschwunden oder gestohlen worden, doch tut das durchaus nichts zur Sache, da ich einen Himmelsglobus besitze. Unsere alte Umlaufbahn bleibt unverändert. Du hast die Ziffer meines Sternzeichens nicht vergessen, oder willst Du ein anderes Haus benennen? Ich war auf der anderen Seite des Mondes und kann etwas mitbringen, was ich Dir zeigen will.«

»Was halten Sie davon?« fragte Dyson.

»Mir scheint das bloßes Gefasel«, sagte Phillipps. »Meinen Sie, das hätte eine besondere Bedeutung?«

»Gewiß doch. Es ist drei Tage vor dem Mord aufgegeben worden; es fand sich in der Tasche des Ermordeten; es ist in der phantastischen Handschrift niedergeschrieben, die der

Ermordete selber für seine privaten Notizen verwendet hat. Alledem muß ein Sinn und Zweck zugrunde liegen. Ich glaube, daß etwas sehr Häßliches unter den Einzelheiten des Falles Sir Thomas Vivian verborgen liegt.«

»Aber was für eine Theorie haben Sie sich zurechtgelegt?«

»Ach, was Theorien angeht, so bin ich noch im frühesten Stadium – es ist zu früh, um Schlüsse zu ziehen. Aber Ihren Italiener habe ich, glaube ich, aus der Affäre vertrieben. Ich wiederhole, Phillipps, für mich hat der Fall etwas sehr Häßliches. Ich kann mich nicht wie Sie hinter gußeisernen Überzeugungen verstecken, daß dies oder jenes einfach nicht vorkommt und nie vorgekommen ist. Sie sehen, daß der Brief mit den Worten ›Die Hand‹ beginnt. Das scheint mir, zusammen mit dem, was wir von der Hand auf der Mauer wissen, doch sehr bedeutsam. Und was Sie selbst mir von Geschichte und Sinn dieses Symbols erzählt haben, von seinem Zusammenhang mit einem Weltalter weit zurückreichenden Glauben und mit fernen Riten – all das deutet auf etwas Bösartiges hin, jedenfalls für mein Empfinden. Nein! Ich stehe doch zu dem, was ich Ihnen halb im Scherz in jener Nacht gesagt habe, ehe wir aus dem Haus gegangen sind. Es sind um uns Sakramente des Bösen wie des Guten, und ich glaube, daß wir in einer unbekannten Welt leben und umhergehen, an einem Ort, wo es Höhlen gibt und Schatten und Bewohner des Zwielichts. Es ist möglich, daß der Mensch zuweilen umkehrt auf dem Pfad der Evolution, und es ist meine Überzeugung, daß eine fürchterliche Lehre sich noch am Leben erhält.«

»Ich kann Ihnen bei all dem nicht folgen«, sagte Phillipps; »es scheint Sie merkwürdig zu faszinieren. Was gedenken Sie nun zu unternehmen?«

»Mein lieber Phillipps«, erwiderte Dyson in heitererem Tonfall, »ich fürchte, ich muß nun gesellschaftlich etwas herunterkommen. Es liegen verschiedene Besuche bei Pfandleihern vor mir, und die Gasthäuser dürfen nicht vernachlässigt werden. Ich muß mir das Dünnbier angewöhnen; Shag rauche ich sowieso schon leidenschaftlich gerne.«

3. *Die Suche nach dem verschwundenen Himmel*

Nach der Diskussion mit Phillipps führte Mr. Dyson viele Tage lang die Nachforschungen, die er sich vorgenommen hatte, mit großer Entschiedenheit durch. Eine leidenschaftliche Neugier und die ihm eigene Vorliebe für das Abseitige spornten ihn an, doch schien ihm ganz besonders in diesem Fall um den Tod von Sir Thomas Vivian (denn vor dem Wort »Mord« schrak Dyson nachgerade ein wenig zurück) ein Element enthalten, das über das bloß Kuriose weit hinausging. Das Zeichen der roten Hand an der Mauer, das Feuersteinwerkzeug, das den Tod verursacht hatte, die beinahe vollständige Übereinstimmung zwischen der Handschrift des Briefes und der bizarren Kalligraphie, die sich der Arzt anscheinend mit skrupulöser Treue für seine banalsten Aufzeichnungen vorbehalten hatte – all diese verschiedenen und wirren Fäden woben in seinen Gedanken ein merkwürdiges unklares Bild, mit furchterregenden Gestalten, machtvoll und tödlich und doch ohne deutlichen Umriß, wie die Riesenformen, die auf einem alten Gobelin verschwimmen. Er dachte, er hätte einen Schlüssel zum Verständnis des Briefes, und auf seiner energischen Suche nach dem verschwundenen »schwarzen Himmel« durchstreifte er mit wütendem Eifer die Gäßchen und obskuren Seitenstraßen der Mitte Londons, wo er bei den Pfandleihern ein bekanntes Gesicht und in den schäbigeren Kneipen ein häufiger Gast wurde.

Lange Zeit hatte er keinen Erfolg, und er erzitterte bei dem Gedanken, daß der »schwarze Himmel« sich in die kokette Wohlanständigkeit von Peckham zurückgezogen haben mochte oder sich vielleicht im fernen Willesden verbarg. Doch endlich kam ihm die Unwahrscheinlichkeit – in die er seine ganze Hoffnung setzte – zu Hilfe. Es war eine düsterregnerische Nacht, deren abgerissen daherfegende Windstöße schon etwas vom nahenden Winter ahnen ließen, und Dyson, der sich eine schmale Straße nicht weit entfernt von der Gray's Inn Road entlangkämpfte, suchte in einer verkommenen Bar Zuflucht und rief nach einem Bier – für den Augenblick waren seine Pläne vergessen, und er dachte nur an das Sausen des Windes über dem Ziegeldach und an den Regen, der durch die dunkle, unruhige Luft herabprasselte. An der Theke hatte sich die übliche Gesellschaft versammelt: verblühte Frauen und Männer in speckig glänzendem Schwarz, manche, die heimlich miteinander zu flüstern schienen, andere, die sich in endlosen Streitereien anschrieen, und ein paar einzelne Trinker, die abseits standen. Jeder genoß seine Dosis, den scharfen, beißenden Geschmack des Fusels. Dyson wunderte sich gerade, wie gut ihm dies alles gefiel, als plötzlich ein schrillerer Ton hörbar wurde. Die Schwingtür schlug auf, und eine Frau mittleren Alters schwankte zur Theke und klammerte sich an der Blechkante fest, als stünde sie in einem brüllenden Sturm auf Deck. Dyson musterte sie aufmerksam als ein interessantes Exemplar ihrer Klasse: Sie war in anständiges Schwarz gekleidet und trug eine schwarze Tasche aus etwas abgeschürftem Leder; ihre Trunkenheit war ganz offensichtlich weit fortgeschritten. Während sie wankend an der Theke stand, mußte sie sich sichtlich anstrengen, aufrecht zu bleiben. Der Barmann, der sie mißbilligend angesehen hatte, schüttelte den Kopf, als sie mit schwerer Zunge einen Drink bestellte. Die Frau funkelte ihn mit blutunterlaufenen Augen zornig an, unmittelbar in eine Megäre verwandelt, und ihre Wut ergoß sich in einem Sturzbach von Verwünschungen, einem Strom von Flüchen, darunter reichlich Vokabeln aus dem Sprachschatz des Mittelalters.

»Schluß damit«, sagte der Mann. »Maul halten und raus hier, oder ich ruf die Polizei.«

»Polizei, du – – –!« röhrte die Frau. »Ich geb dir gleich Grund dafür, die – – – Polizei zu holen!« Und mit einem raschen Griff in ihre Handtasche zog sie einen Gegenstand heraus, den sie mit wütender Kraft in Richtung seines Kopfes schleuderte.

Der Barkellner duckte sich, und das Wurfgeschoß flog über ihn hinweg und zerschmetterte eine Flasche, während die

Frau mit gellendem Gelächter zur Tür stürzte; man hörte ihre Schritte rasch über das nasse Pflaster davonklappern.

Der Barmann sah sich resigniert um.

»Hat wenig Sinn, der nachzulaufen«, sagte er, »und was sie dagelassen hat, wird kaum die Flasche Whisky wert sein.« Er tastete zwischen den Glassplittern herum und zog etwas Dunkles hervor, eine Art eckigen Stein, wie es schien, den er in die Höhe hielt.

»Wertvolle Antikität« sagte er. »Was bieten die Herren?«

Die Stammgäste hatten sich während der ganzen Aufregung kaum von ihren Krügen und Gläsern weggedreht; einen Moment lang, als die Flasche zerklirrte, hatten sie glotzend hingesehen, und das war alles; dann nahmen die vertraulich Flüsternden wieder ihr Gewisper auf und die Streitsüchtigen ihr Gelärme, und die Einsamen und Schüchternen leckten sich die Lippen und genossen wieder die Würze ihres scharfen Fusels.

Dyson warf einen raschen Blick auf das, was der Barmann ihm da entgegenstreckte.

»Dürfte ich das mal sehen?« fragte er. »Ein seltsames altes Ding, was?«

Es war eine kleine schwarze Tafel, aus Stein anscheinend, etwa vier Zoll lang und zweieinhalb breit, und als Dyson das Ding in die Hand nahm, fühlte er mehr als daß er sah: er berührte mit seinem Fleisch etwas Uraltes. Auf der Oberfläche war eine Art Ritzzeichnung zu sehen, und darunter ein auffälliges Zeichen, bei dessen Anblick Dyson das Herz laut schlug.

»Ach, ich nehm's wohl«, sagte er ruhig. »Sind zwei Shilling recht?«

»Sagen wir ne Halfcrown«, meinte der Mann, und das Geschäft war gemacht. Dyson leerte sein Bierglas – das Bier schmeckte herrlich – und zündete sich die Pfeife an, und wenig später brach er auf. Als er in seinem Zimmer angekommen war, schloß er die Tür hinter sich ab, legte die Tafel auf seinen Schreibtisch und setzte sich bedachtsam in seinen Sessel, so entschlossen wie eine Belagerungsarmee in ihren Gräben vor der feindlichen Stadt. Die Tafel lag im vollen Schein des durch einen Schirm gesammelten Kerzenlichtes, und als er sie genau betrachtete, sah Dyson zuerst das Zeichen der Hand mit dem zwischen den Fingern hervorragenden Daumen; es war mit feinem, kräftigem Schnitt in die stumpfschwarze Steinoberfläche gegraben, und der Daumen deutete auf das, was darunter stand.

»Das ist nur ein Ornament«, sagte Dyson bei sich, »vielleicht ein symbolisches Ornament, aber gewiß keine Inschrift, es sind keine Zeichen für irgendwelche je gesprochenen Worte.«

Die Hand deutete auf eine Reihe phantastischer Figurationen – Spiralen und Wirbel aus feinsten, zartesten Linien, in Abständen über den Rest der Oberfläche des Täfelchens verteilt. Die Zeichen waren ebenso komplex und schienen ebenso planlos angeordnet wie die Abdrücke eines Daumens auf einer Fensterscheibe.

»Ist das irgendeine natürliche Zeichnung des Materials?« dachte Dyson. »Es hat schon seltsame Muster auf Steinen gegeben, wie Abbilder von Tieren und Blumen, die von keiner Menschenhand stammten.« Er beugte sich mit einem Vergrößerungsglas über den Stein, nur um zu dem Schluß zu kommen, daß kein Naturzufall diese wechselvollen Linienlabyrinthe gezeichnet haben konnte. Die Wirbel waren von verschiedener Größe; manche hatten weniger als einen Zwölftelzoll im Durchmesser, und der größte war etwas kleiner als ein Sixpencestück. Unter dem Glas waren Regelmäßigkeit und Genauigkeit des Einschnitts deutlich, und bei den kleineren Spiralen standen die Linien nur durch einen Hundertstelzoll getrennt nebeneinander. Das Ganze hatte ein wunderbares und phantastisches Ansehen, und indem er die mystischen Wirbel unterhalb der Hand betrachtete, fand sich Dyson überwältigt durch den Eindruck von gewaltig fernen Zeiten und von einem Lebewesen, das den Stein mit einem Rätsel berührt hatte, ehe sich noch die Gebirge formten, als die harten Felsen noch kochten vor Glut.

»Der ›schwarze Himmel‹ ward wieder gefunden«, sagte er, »aber was die Sterne sagen, wird wohl immerwährend unklar bleiben, soweit es an mir liegt.«

London verstummte draußen langsam, und ein kühler Hauch drang in den Raum, wo Dyson die im Kerzenschimmer dämmrig glänzende Tafel betrachtete. Als er endlich den Schreibtisch über dem alten Stein schloß, hatte sich sein Erstaunen über den Fall Vivian verzehnfacht. Er dachte an den gutgekleideten wohlhabenden Herrn, der tot dalag, geheimnisvoll unter dem Zeichen der Hand, und die nicht zu begründende Überzeugung befiel ihn, daß zwischen dem Tod dieses Modearztes aus dem Westend und den bizarren Spiralen des Täfelchens geheimste und unvorstellbare Beziehungen bestanden.

Tagelang saß er an seinem Schreibtisch und starrte auf die Tafel, außerstande, ihrer magnetischen Faszinationskraft zu widerstehen, und doch ganz hilflos, ohne die leiseste Hoffnung, die zarte rätselhafte Schrift zu entziffern. Endlich bat er verzweifelt Mr. Phillipps zu einer Konsultation zu sich und erzählte ihm kurz die Geschichte, wie er den Stein gefunden hatte.

»Liebe Zeit!« sagte Phillipps. »Das ist höchst merkwürdig. Sie haben da in der Tat einen außerordentlichen Fund getan. Das sieht mir sogar noch älter aus als das berühmte hethitische Siegel! Ich muß gestehen, die Schrift – wenn es eine Schrift ist – ist mir vollkommen unbekannt. Diese Spiralen sind wirklich bemerkenswert bizarr.«

»Ja, aber ich möchte wissen, was sie bedeuten. Sie müssen bedenken, daß diese Tafel der ›schwarze Himmel‹ ist, von dem der Brief in Sir Thomas Vivians Tasche sprach – sie steht mit seinem Tod in direktem Zusammenhang.«

»Nicht doch, das ist Unsinn! Wir haben hier zweifellos eine Tafel von höchstem Alter, die aus irgendeiner Sammlung entwendet worden ist. Ja, das mit der Hand ist ein seltsamer Zufall, aber eben doch nur ein Zufall, schließlich und endlich.«

»Mein lieber Phillipps, Sie sind der lebende Beweis für die

Wahrheit des Axioms, daß zum Äußersten gesteigerte Skepsis nichts ist als Leichtgläubigkeit. Aber können Sie die Inschrift entziffern?«

»Ich nehme es auf mich, alles und jedes zu entziffern«, sagte Phillipps. »Ich glaube nicht an das Unlösbare. Diese Zeichen sind eigenartig, aber ich kann mir nicht vorstellen, daß sie unübersetzbar sind.«

»Dann nehmen Sie das Ding und versuchen Sie Ihr Glück damit. Es verfolgt mich nachgerade; ich komme mir vor, als hätte ich zu lange in die Augen der Sphinx geschaut.«

Phillipps verließ ihn, die Tafel in einer Innentasche geborgen tragend. Er zweifelte nicht an seinem Erfolg, hatte er doch siebenunddreißig Regeln für die Entzifferung von Inschriften niedergelegt. Als jedoch eine Woche verstrichen war und er sich wieder bei Dyson meldete, stand kein Triumph in seinem Gesicht. Er traf seinen Freund im Zustand größter Gereiztheit an, wie er fast leidenschaftlich erregt im Zimmer auf und ab ging. Er fuhr herum, als die Tür sich öffnete.

»Nun«, sagte Dyson, »haben Sie's? Was ist es, was steht da?«

»Mein Bester, ich muß Ihnen leider sagen, daß ich vollkommen gescheitert bin. Ich habe es mit jedem überhaupt bekannten Ansatz versucht – vergebens. Ich war sogar so frei, es einem Freund beim British Museum vorzulegen, aber auch er, obwohl eine erste Autorität auf dem Gebiet, gibt sich geschlagen. Es muß ein Stück Strandgut von einer untergegangenen Zivilisation sein, glaube ich – ein Fragment einer anderen Welt, als es die unsere ist. Ich bin nicht abergläubisch, Dyson, und halte, Sie wissen es, selbst zu den edlen Wahnsystemen Abstand, aber ich gestehe, daß ich mich danach sehne, dieses kleine Rechteck aus schwarzem Stein wieder loszusein. Offen gesagt, ich verdanke ihm eine üble Woche, es scheint mir troglodytisch und abscheulich.«

Phillipps zog die Tafel hervor und legte sie vor Dyson auf den Schreibtisch.

»Übrigens«, fuhr er fort, »habe ich wenigstens in einem

Punkt recht behalten; das war früher einmal Teil einer Sammlung. Es klebt ein Stückchen verschmutztes Papier auf der Rückseite, zweifellos ein Archivetikett.«

»Ja, das habe ich auch gesehen«, sagte Dyson, der nun in tiefste Enttäuschung verfallen war. »Zweifellos ist das Papierchen ein Etikett. Aber da es mir ziemlich egal ist, wo die Tafel herkommt, und ich nur wissen möchte, was die Schrift bedeutet, habe ich nicht weiter darauf geachtet. Es bleibt wohl ein hoffnungsloses Rätsel, und doch muß es von größter Wichtigkeit sein!«

Phillipps ging bald darauf wieder, und der immer noch trübsinnige Dyson nahm die Steintafel in die Hand und drehte sie achtlos um. Das Etikett war so verschmutzt und verfärbt, daß es bloß aussah wie ein stumpfer Fleck, doch als Dyson es müßig und doch konzentriert betrachtete, erkannte er Bleistiftzeichen, und er beugte sich eifrig darüber, die Lupe vor dem Auge. Zu seinem Ärger erkannte er, daß ein Teil des Papiers abgerissen worden war, und nur mühsam konnte er einzelne Wörter und Teile von Wörtern ausmachen. Zuerst las er etwas, das aussah wie »Inroad«, und dann darunter die Worte »stonyhearted step – – –«, wobei der Rest durch den Riß verlorengegangen war. Doch einen Augenblick später bot sich eine Lösung an, und er lachte entzückt in sich hinein.

»Ganz gewiß«, sagte er laut, »ist dies hier nicht nur das schönste, sondern auch das praktischste Viertel in London. Ich sitze hier oben wie in einem Aussichtsturm und habe, von den Zufälligkeiten der Nebenstraßen abgesehen, überallhin freie Sicht.«

Er schaute triumphierend aus dem Fenster, über die Straße hinweg zum Haupteingang des British Museum. Im Schutze der Außenmauer dieser ehrwürdigen Institution bot ein Pflastermaler, ein Kreidekrakler, seine leuchtendbunten Bilder auf dem Gehsteig dar und warb um die Gunst und die kleine Münze der heiteren wie der ernsten Passanten.

»Wunderbar!« sagte Dyson. »Mehr kann man sich nicht wünschen! Ein Künstler steht zu meiner Verfügung.«

4. Der Künstler auf dem Straßenpflaster

Mr. Phillipps empfand trotz all seinem Leugnen – trotz der Mauer aus gesundem Menschenverstand, deren Schutz und Grenze er sich so gerne rühmte – tief in seinem Herzen größte Neugier bezüglich des Falles Sir Thomas Vivian. Obwohl er vor seinem Freund stets eine gelassene Miene aufsetzte, konnte seine Vernunft sich redlicherweise dem von Dyson vorgetragenen Schluß kaum mehr widersetzen: daß die ganze Affäre etwas Häßliches und Geheimnisvolles hatte. Die Waffe einer verschollenen Rasse, welche die Schlagader durchbohrt hatte; die rote Hand, Symbol eines fürchterlichen Glaubens, die auf den Toten wies – und nun kam die Tafel hinzu, die Dyson zu finden erwartet und tatsächlich auch gefunden hatte, die Tafel mit dem Zeichen einer uralten Verwünschung, der Hand, und darunter einer Schrift, mit der verglichen die ältesten Hieroglyphen etwas Gestriges waren. Außerdem gab es noch andere Punkte, quälend ungelöste Fragen: Wie das bloße Messer erklären, das man fleckenlos unter dem Leichnam gefunden hatte? Und die Andeutung, daß die rote Hand an der Mauer von jemand gezeichnet worden sein mußte, der sein Leben im Dunkel verbrachte, ließ ihn vor unklarem und grenzenlosem Schrecken erschauern. So war er in Wahrheit mehr als nur ein wenig neugierig und besuchte etwa zehn Tage nach der Rückgabe der Tafel wieder den »Rätselmann«, wie er seinen Freund insgeheim nannte.

Als er in den würdigen, luftigen Räumen in der Great Russell Street ankam, fand er die Stimmung in der Wohnung verwandelt. Dysons ganze Gereiztheit war verschwunden, seine Stirne war behaglich glatt, und er saß an einem Tisch am Fenster und schaute mit einem Ausdruck grimmigen Behagens auf die Straße hinaus. Dem Stapel Bücher und Papiere, der vor ihm lag, schenkte er keine Beachtung.

»Mein lieber Phillipps, wie schön, Sie zu sehen! Verzeihen Sie, daß ich mich nicht rühre. Ziehen Sie sich Ihren Stuhl an den Tisch und probieren Sie diesen vorzüglichen Shagtabak.«

»Danke«, sagte Phillipps, »nach dem Aroma des Rauches zu urteilen, möchte ich meinen, der ist mir ein wenig zu stark. Aber was um alles in der Welt hat das hier zu bedeuten? Wonach schauen Sie?«

»Ich bin auf meinem Wachtturm. Die Zeit vergeht rasch, ich versichere es Ihnen, wenn ich diese hübsche Straße und die klassische Eleganz des Museumsportals betrachte.«

»Sie haben eine erstaunliche Begabung zum Nonsens«, antwortete Phillipps. »Aber haben Sie die Tafel entziffern können? Sie interessiert mich.«

»Ich habe in letzter Zeit der Tafel nicht viel Aufmerksamkeit geschenkt«, sagte Dyson. »Ich glaube, die Spiralschrift kann warten.«

»Tatsächlich! Und der Mordfall Vivian?«

»Ah, Sie interessieren sich doch dafür? Nun, man kann schließlich nicht bestreiten, daß es eine seltsame Geschichte war. Aber ist ›Mord‹ nicht ein sehr grobschlächtiges Wort? Es riecht doch allzu sehr nach Polizeiplakat. Vielleicht bin ich ein wenig dekadent, aber ich glaube einfach an die Herrlichkeit der Wörter. ›Opfer‹ zum Beispiel ist doch gewiß viel schöner als ›Mord‹.«

»Ich tappe vollständig im dunkeln«, sagte Phillipps. »Ich kann mir nicht einmal vorstellen, auf welcher Spur Sie sich in diesem Labyrinth voranbewegen.«

»Ich glaube, in nicht allzulanger Zeit wird die Sache für uns beide sehr viel klarer liegen – aber ich glaube auch, die Geschichte werden Sie nicht gerne hören wollen.«

Dyson zündete sich die Pfeife wieder an und lehnte sich zurück, wobei er jedoch von seiner prüfenden Betrachtung der Straße nicht abließ. Nach einer längeren Pause schreckte er Phillipps mit einem lauten Seufzer der Erleichterung auf, erhob sich aus seinem Sessel am Fenster und begann, auf und ab zu gehen.

»Für heute ist es vorbei«, sagte er, »und man wird am Ende doch ziemlich müde.«

Phillipps schaute fragend auf die Straße hinaus. Der Abend

dämmerte, und die große Masse des Museums verschwamm, die Laternen waren noch nicht angezündet, aber die Gehsteige waren gedrängt voll geschäftiger Passanten. Der Kreidemaler auf der anderen Straßenseite sammelte seine Farben ein und verwischte den bunten Glanz seiner Bilder. Weiter die Straße hinunter hörte man das Klirren von Fensterläden, die vorgelegt wurden. Phillipps konnte nichts entdecken, was Dysons plötzlichen Rückzug von seinem Beobachtungsposten gerechtfertigt hätte, und seine Irritation angesichts all der ungelösten Rätsel nahm noch zu.

»Passen Sie auf, Phillipps«, sagte Dyson, der entspannt im Zimmer hin und her ging, »ich will Ihnen erklären, wie ich arbeite. Ich folge der Unwahrscheinlichkeitstheorie. Die ist Ihnen unbekannt? Ich erläutere sie. Gesetzt den Fall, ich stehe auf den Stufen der St. Pauls-Kathedrale und halte nach einem blinden Mann mit lahmem linkem Bein Ausschau. Es ist offensichtlich höchst unwahrscheinlich, daß ich eine solche Person zu Gesicht bekomme, wenn ich eine Stunde lang warte. Warte ich zwei Stunden, sinkt die Unwahrscheinlichkeit, bleibt aber immer noch enorm groß, und auch ein ganzer Tag bietet wenig Aussicht auf Erfolg. Aber nehmen wir an, ich nehme denselben Platz Tag um Tag und Woche um Woche ein – sehen Sie nicht, daß die Unwahrscheinlichkeit konstant abnimmt? Jeden Tag geringer wird? Sehen Sie nicht, daß zwei Linien, die einander nicht parallel sind, sich näher und näher kommen, bis sie sich in einem bestimmten Punkt treffen und die Unwahrscheinlichkeit ganz verschwunden ist? So habe ich die schwarze Tafel gefunden; ich bin nach der Unwahrscheinlichkeitstheorie vorgegangen. Sie ist das einzige wissenschaftliche Prinzip, das mir bekannt ist, mit dem man einen unbekannten Mann unter fünf Millionen ausfindig machen kann.«

»Und Sie erwarten mit dieser Methode den zu finden, der Ihnen die Inschrift auf der schwarzen Tafel übersetzt?«

»Sicherlich.«

»Und den Mörder von Sir Thomas Vivian ebenfalls?«

»Ja, ich gehe davon aus, daß ich der für den Tod von Sir Thomas verantwortlichen Person auf genau dieselbe Art und Weise habhaft werde.«

Den Rest des Abends, nachdem Phillipps gegangen war, verbrachte Dyson damit, auf den Straßen umherzuschlendern, und als es spät war, ging er an seine literarische Arbeit, die sogenannte Hatz nach dem vollkommenen Satz. Am nächsten Morgen nahm er seinen Posten am Fenster wieder ein. Die Mahlzeiten wurden ihm an den Tisch gebracht, und er aß mit auf die Straße gerichtetem Blick. Mit kürzesten Unterbrechungen, die er sich widerwillig gönnte, fuhr er den ganzen Tag mit seiner Ausschau fort, und erst in der Abenddämmerung, wenn die Geschäfte die Läden vorlegten und der Pflastermaler gnadenlos seine ganze Tagesarbeit auslöschte, kurz bevor die Gaslaternen die Schatten bestirnten, fühlte er sich frei, seinen Ausguck zu verlassen. Tag um Tag dauerte dieser unablässige Blick auf die Straße an, bis die Wirtin vor einer solchen ertragslosen Hartnäckigkeit erstaunte und erschrak.

Endlich aber, eines Abends, als das Spiel der Lichter und Schatten kaum begonnen hatte und alle Dinge deutlich und leuchtend in der klaren wolkenlosen Luft standen, kam der Augenblick. Ein Mann mittleren Alters, bärtig und gebückt, um die Schläfen schon ein wenig grau, spazierte langsam von Osten her auf der Nordseite der Great Russell Street heran. Er sah im Vorübergehen zum Museum hoch und warf dann unwillkürlich einen Blick auf das Kunstprodukt des Pflastermalers und auf diesen selbst, der mit dem Hut in der Hand neben seinen Bildern saß. Der Mann mit dem Bart stand einen Moment still, wobei sein Körper leise hin und her schwankte wie der eines in Gedanken Versunkenen. Dyson sah seine Fäuste sich ballen, sah den Rücken zittern und die eine, sichtbare Seite des Antlitzes zucken und sich in der unbeschreiblichen Qual eines heraufziehenden Epilepsieanfalles verzerren. Dyson zog einen weichen Filzhut aus der Tasche, riß die Tür auf und eilte durchs Treppenhaus.

Als er die Straße erreichte, hatte sich der Mann, den er in

solcher Erregung gesehen hatte, umgewandt, und er rannte nun, ohne der Blicke der Passanten zu achten, in wilder Hast Richtung Bloomsbury Square, seiner alten Route entgegengesetzt.

Mr. Dyson ging zu dem Pflasterkünstler hinüber und gab ihm etwas Geld, wobei er leise sagte: »Sie brauchen das Ding jetzt nicht mehr zu malen.« Dann wandte auch er sich um und schlenderte müßig die Straße in der entgegengesetzten Richtung weiter, wie der Flüchtling sie eingeschlagen hatte. So wurde die Entfernung zwischen Dyson und dem gebeugt gehenden Mann stetig größer.

5. Die Geschichte von der Schatzkammer

»Es gibt verschiedene Gründe, weshalb ich die Begegnung lieber in Ihrer Wohnung stattfinden lasse als in der meinen. Hauptsächlich deshalb, weil ich dachte, der Mann ist vielleicht auf neutralem Terrain nicht so nervös.«

»Ich muß gestehen, Dyson«, sagte Phillipps, »daß ich sowohl ungeduldig wie beunruhigt bin. Sie kennen meinen Standpunkt: Konzentration auf die harten Tatsachen, Materialismus, wenn Sie so wollen, in gröbster Form. Aber es ist etwas an dieser Affäre Vivian, das mich ein wenig beklommen macht. Und wie haben Sie es zuwege gebracht, daß der Mann kommt?«

»Er hat eine übertriebene Vorstellung von meinen Möglichkeiten. Sie erinnern sich an meine Unwahrscheinlichkeitsdoktrin? Wenn sie funktioniert, führt sie zu Ergebnissen, die für den, der das Geheimnis nicht kennt, ganz erstaunlich wirken. Da schlägt es acht, oder? Und da klingelt es auch schon.«

Sie hörten Schritte auf der Treppe, und die Tür öffnete sich. Ein Mann mittleren Alters, mit gesenktem Kopf, bärtig und mit recht viel grauem Haar an den Schläfen, betrat das Zimmer. Phillipps sah ihm ins Gesicht und erkannte den Ausdruck des Entsetzens.

»Kommen Sie herein, Mr. Selby«, sagte Dyson. »Das ist Mr. Phillipps, mein vertrauter Freund, der heute abend unser Gastgeber ist. Dürfen wir Ihnen etwas anbieten? Dann sollten Sie uns wohl am besten Ihre Geschichte erzählen – eine außergewöhnliche Geschichte, dessen bin ich sicher.«

Der Mann sprach mit hohler, ein wenig bebender Stimme, und ein starrer Blick, der seine Augen nie verließ, schien auf etwas Furchtbares gerichtet, das ihm den Rest seines Lebens Tag und Nacht vor Augen stehen sollte.

»Sie werden gewiß entschuldigen, daß ich ganz umstandslos beginne«, fing er an. »Was ich zu erzählen habe, sagt man am besten rasch. Ich sage also nur, daß ich in einer entfernten Gegend im Westen von England geboren bin, wo für einen stark phantasiebegabten Menschen schon die Umrisse der Wälder und Berge und die Windungen der Flüsse im Tal ein mystisches Geheimnis andeuten wollen. Als ich noch ein kleiner Junge war, gab es gewisse hohe, runde Hügel, gewisse steile Waldestiefen und geheime Täler mit Gebirgsmauern auf allen Seiten, die mir Träumereien eingaben, für welche die Vernunft keinen Ausdruck weiß. Als ich älter wurde und anfing, in den Büchern meines Vaters zu stöbern, suchte ich mir instinktiv, wie die Biene zu ihren Blumen fliegt, alles, was meine träumende Phantasie nährte. So kam ich durch meine altväterische und okkultistische Lektüre und durch das Lauschen auf gewisse groteske Sagen, an welche die älteren Leute noch heimlich glaubten, zu der festen Überzeugung, daß ein Schatz existiere, der Hort einer seit langen Zeiten ausgestorbenen Rasse, immer noch unter den Hügeln verborgen. Alle meine Gedanken beschäftigten sich mit der Inbesitznahme der Haufen Goldes, die, wie ich mir dachte, nur ein paar Fuß unter dem grünen Rasen lagen. Zu einer bestimmten Stelle vor allem zog es mich hin wie ein Zauberbann – es war ein Grabhügel, die hochgewölbte Gedenkstätte irgendeines vergessenen Volkes, die auf dem Kamm einer sich weit erstreckenden Bergkette aufragte; und da bin ich oft an Sommerabenden gesessen, auf dem großen Kalksteinblock hoch droben, und habe weit hinaus über die gelbe See zur Küste von Devon geschaut. Eines Tages, als ich abwesend mit der Zwinge meines Stocks zwischen den Moosen und Flechten stocherte, die den Fels umwucherten, fiel mein Blick auf etwas, das unter dem grünen Bewuchs ein Muster zu bilden schien – ich sah eine sich krümmende Linie und Zeichen, die nicht ganz natürlich wirkten. Zuerst glaubte ich, ich hätte ein ungewöhnliches Fossil entdeckt, und ich holte mein Messer hervor und kratzte das Moos ab, bis ich eine Fläche von etwa einem Quadratfuß freigelegt hatte. Da sah ich zwei Zeichen, die mich verblüfften: zuerst eine zur Faust geschlossene Hand, die abwärts deutete, wobei der Daumen zwischen den Fingern hervorsah, und unter der Hand eine Spirale, einen Wirbel, mit feinster Präzision in die harte Felsoberfläche eingeritzt. Hier, redete ich mir zu, war der Hinweis auf ein großes Geheimnis – doch mir wurde kalt, als mir einfiel, daß einige Archäologen den Grabhügel schon durch und durch erforscht hatten und zu ihrer großen Überraschung nicht einmal eine Pfeilspitze gefunden hatten. Offenbar hatten also die Zeichen auf dem Kalkstein keine lokale Bedeutung; und ich entschied, daß ich weiter entfernt suchen mußte. Durch puren Zufall hatte ich bei meinen Streifzügen einen gewissen Erfolg. Als ich an einem kleinen Bauernhaus vorbeiwanderte, sah ich ein paar Kinder am Straßenrand spielen; eins hielt einen Gegenstand hoch, und die anderen waren mit irgendeinem der komplizierten Als-ob-Rituale beschäftigt, die einen so großen Teil des Geheimnisses des Kinderlebens ausmachen. Etwas an dem Objekt, das der kleine Junge hochhielt, zog mich an, und ich sagte zu ihm, er solle es mir zeigen. Das Spielzeug dieser Kinder war ein rechteckiges schwarzes Steintäfelchen, und darauf war die abwärts weisende Hand eingeritzt, genau wie ich sie auf dem Felsen gesehen hatte, während darunter, über die ganze Tafel verteilt, eine Anzahl Spiralwirbel mit äußerster Feinheit und Sorgfalt eingegraben war. Ich kaufte das Spielzeug für ein paar Shilling – die Frau in dem Bauernhaus sagte mir, es hätte schon jahrelang herumgelegen;

sie glaubte, ihr Mann hätte es eines Tages in dem Bach gefunden, der vor dem Haus vorüberfloß: es war ein sehr heißer Sommer, das Bachbett war fast ausgetrocknet, und er hatte es zwischen den Steinen liegen sehen. An diesem Tag noch verfolgte ich den Bach zu seiner Quelle zurück, die kalt und klar in einer einsamen, hochgelegenen Schlucht hervorsprudelte. Das war vor zwanzig Jahren, und die Entzifferung der geheimnisvollen Inschrift ist mir erst letzten August gelungen. Ich will Sie nicht mit irrelevanten Einzelheiten meines Lebens aufhalten; es genügt, zu erwähnen, daß ich wie manch ein anderer meine alte Heimat verlassen und nach London gehen mußte. Geld hatte ich nur sehr wenig, und ich war froh, in einer schäbigen Nebenstraße der Gray's Inn Road ein billiges Zimmer zu finden. Der verstorbene Sir Thomas Vivian, damals weit ärmer und noch abgerissener als ich selbst, hatte eine Dachkammer im selben Haus. In wenigen Monaten wurden wir enge Freunde, und ich vertraute ihm das Ziel meines Lebens an. Es war zuerst sehr schwer, ihn davon zu überzeugen, daß ich meine Tage und Nächte nicht einer vollkommen hoffnungslosen, chimärischen Jagd widmete; als er aber einmal überredet war, zeigte er noch größeren Eifer als ich selber und erglühte beim Gedanken an die Reichtümer, die als Preis für etwas Phantasie und Geduld winkten. Ich mochte den Mann sehr und bedauerte ihn zutiefst: er hatte den leidenschaftlichen Wunsch, den Arztberuf zu ergreifen, doch fehlten ihm die Mittel für die bescheidensten Studiengebühren, und tatsächlich war er nicht nur ein- oder zweimal, sondern oft am Rande des Verhungerns. Ich versprach ihm feierlich und ohne Einschränkung, daß er unter allen Umständen die Fülle meiner Reichtümer teilen sollte, wenn sie mir zufiel, und dieses Versprechen war für einen Menschen, der immer so arm gewesen war und doch mit einer mir unbekannten Inbrunst nach Wohlleben und Vergnügen dürstete, der stärkste Ansporn. Er warf sich mit atemlosem Interesse auf das Problem und widmete der Auflösung der Schriftzeichen auf der Tafel seinen scharfen Geist und eine unermüdliche Geduld.

Ich hatte wie andere phantasievolle junge Leute eine Marotte in bezug auf die Form meiner Handschrift, und ich hatte eine bizarre Kalligraphie erfunden oder entlehnt, die ich gelegentlich benützte und die Vivian so beeindruckte, daß er es sich angelegen sein ließ, sie nachzuahmen. Wir vereinbarten für den Fall, daß wir je getrennt würden und Anlaß hätten, uns etwas über jene Frage zu schreiben, die unsere Herzen bewegte, die seltsame von mir erfundene Handschrift zu benutzen, und wir entwickelten zum selben Zweck eine Art Code. Inzwischen arbeiteten wir bis zur Erschöpfung daran, in das Geheimnis einzudringen, und als einige Jahre vergangen waren, konnte ich sehen, daß Vivian des Abenteuers langsam überdrüssig wurde – und eines Nachts erklärte er mir in einem Gefühlsausbruch, er fürchte, unser beider Leben ginge mit törichten und hoffnungslosen Anstrengungen dahin. Wenige Monate später hatte er das Glück, von einem alten entfernten Verwandten, dessen bloße Existenz er schon fast vergessen hatte, ein beträchtliches Erbteil zu bekommen, und als er nun Geld auf der Bank hatte, wurde er sogleich zum Fremden für mich. Er hatte die Zulassungsprüfung vor vielen Jahren schon bestanden, und nun entschied er sich für den sofortigen Eintritt in das Studium am St. Thomas-Krankenhaus und sagte mir, er müsse sich nach einer bequemeren Unterkunft umsehen. Als wir uns voneinander verabschiedeten, erinnerte ich ihn an das Versprechen, das ich ihm gegeben hatte, und erneuerte es feierlich, aber Vivian lachte mit einem halb mitleidigen, halb verächtlichen Ausdruck, als er mir dankte. Ich brauche nichts vom langen Kampf und langen Elend meines nun doppelt einsamen Lebens erzählen; ich wurde nie müde und verzweifelte nie an meiner Hoffnung, und jeden Tag saß ich an meiner Arbeit, die Tafel vor mir, um erst gegen Abend das Haus zu verlassen und meinen täglichen Gang die Oxford Street entlang zu tun, die mich wohl wegen ihres Lärms, ihrer Bewegtheit und ihres Lichterglanzes anzog. Dieser Spaziergang wurde mir zur Gewohnheit; jeden Abend und bei jeder Witterung überquerte ich die Gray's Inn Road und ging gen

Westen, manchmal in eher nördlicher Richtung durch die Euston Road und Tottenham Court Road, manchmal durch Holborn, gelegentlich über die Great Russell Street. Jeden Abend ging ich eine Stunde lang auf der Nordseite der Oxford Street auf und ab, und De Quinceys Bericht, seine Bezeichnung für diese Straße, ›stony-hearted step-mother‹, fielen mir dabei oft ein. Dann kehrte ich in meinen schäbigen Unterschlupf zurück und verbrachte wieder endlose Stunden mit der Analyse meines Rätsels.

Die Antwort fiel mir eines Nachts vor einigen Wochen zu – sie blitzte in einem einzigen Augenblick in meinem Hirn auf, und ich las die Inschrift und sah, daß ich meine Jahre doch nicht umsonst geopfert hatte. ›Der Ort der Schatzkammer jener, die drunten hausen‹, lauteten die ersten Worte, die ich las. Es folgten genaue Angaben jener Stelle in meiner eigenen Heimatgegend, wo die großen goldenen Gegenstände für immer aufbewahrt werden sollten. Der und der Weg war einzuschlagen, die und die Gefahr zu vermeiden – hier verengte sich der Weg fast bis zu einem Fuchsloch, hier wurde er breiter, und so würde man schließlich die Kammer erreichen. Ich beschloß, keine Zeit zu verlieren und meine Entdeckung sofort zu überprüfen – nicht, daß ich in diesem großartigen Moment Zweifel hatte, aber ich wollte nicht das geringste Risiko eingehen, meinen alten Freund Vivian vielleicht zu enttäuschen, der nun ein reicher Mann geworden war. Ich nahm einen Zug nach Westen, und eines Nachts verfolgte ich, meinen Plan in der Hand, den Weg durch die Hügel und drang soweit vor, daß ich den Glanz von Gold vor mir aufscheinen sah. Weiter wollte ich nicht gehen; ich beschloß, daß Vivian mit mir sein sollte, und nahm nichts mit außer einem seltsamen Feuersteinmesser, das auf dem Pfad lag, ein Beweis dessen, was ich nun zu erzählen hatte. Ich kam nach London zurück und war höchst ärgerlich, als ich entdecken mußte, daß die Steintafel aus meinem Zimmer verschwunden war. Meine Wirtin, eine unverbesserliche Säuferin, bestritt, irgend etwas davon zu wissen, aber ich habe kaum Zweifel, daß sie das

Ding gestohlen hat, um so vielleicht zu einem Glas Whisky zu kommen. Doch wußte ich auswendig, was auf der Tafel stand, und ich hatte außerdem ein exaktes Faksimile der Schriftzeichen angefertigt, so daß der Verlust nicht bedeutend war. Nur eines irritierte mich: Als der Stein in meinen Besitz gelangt war, hatte ich ein Papierzettelchen auf die Rückseite geklebt und darauf Ort und Datum des Fundes vermerkt, und später hatte ich noch ein paar Worte dazugekritzelt, den Ausdruck einer banalen Empfindung, den Namen meiner Straße und derlei müßige Krakeleien. Diese Erinnerungen an Tage, die so ohne Hoffnung schienen, waren mir teuer: Ich hatte mir gedacht, sie könnten mich in Zukunft jener Stunden gedenken lassen, in denen meine Hoffnung aller Verzweiflung standhielt. Doch schrieb ich gleich an Sir Thomas Vivian, wobei ich die erwähnte Handschrift benutzte und auch den Code. Ich berichtete ihm von meinem Erfolg, und nachdem ich den Verlust der Tafel und auch die Tatsache, daß ich eine Kopie besaß, erwähnt hatte, erinnerte ich ihn noch einmal an mein Versprechen und bat ihn, entweder mir zu schreiben oder mich aufzusuchen. Er antwortete, daß er mich in einer bestimmten obskuren Straße in Clerkenwell treffen wollte, die wir beide aus den alten Tagen gut kannten, und eines Abends um sieben Uhr ging ich also hin. An der Ecke dieses kleinen Sträßchens bemerkte ich, als ich wartend auf und ab ging, die verwischten Bilder eines Pflastermalers, und ich hob, ohne recht zu bemerken, was ich tat, ein Stück Kreide auf. Ich schritt in der Gasse hin und her und machte mir, wie man sich vorstellen kann, so meine Gedanken, was ich wohl nach so vielen Jahren der Trennung für einen Mann vor mir sehen sollte. Überwältigt von Gedanken an die verschollene, begrabene Zeit ging ich mechanisch hin und her, ohne den Blick vom Boden zu heben. Eine wütende Stimme riß mich aus meinem Tagtraum mit der Frage, warum ich mich nicht auf der richtigen Seite des Gehsteigs hielt, und als ich aufsah, erkannte ich, daß ich einem wohlhabenden und wichtigen Herrn im Wege stand, der meine ärmliche Erscheinung mit Verachtung und Widerwillen musterte. Ich wußte sofort, daß dies mein alter Kamerad war. Als ich mich ihm in Erinnerung brachte, entschuldigte er sich mit einem gewissen Ausdruck des Bedauerns und begann, mir für meine Freundlichkeit zu danken – zögernd, als wollte er sich nicht eindeutig festlegen, und, wie mir deutlich wurde, mit einem gewissen Mißtrauen hinsichtlich meiner Zurechnungsfähigkeit. Ich hätte wohl zunächst Erinnerungen an unsere Freundschaft mit ihm ausgetauscht, doch merkte ich, daß Sir Thomas an jene Tage mit unbehaglichem Ekel zurückdachte. Auf meine Bemerkungen antwortete er höflich mit ständigen Hinweisen auf ›geschäftliche Angelegenheiten‹, wie er sich ausdrückte. Ich wechselte das Thema und erzählte ihm mit ausführlicheren Einzelheiten, was ich Ihnen erzählt habe. Da sah ich seine Miene sich plötzlich verändern; als ich das Feuersteinmesser hervorzog, um meine Reise ›auf die andere Seite des Mondes‹ zu belegen, wie wir in unserer Geheimsprache sagten, überkam ihn etwas wie ein würgender Eifer, seine Züge verformten sich, und es schien mir, als sähe ich nacheinander in seinem Gesicht ein erschauerndes Entsetzen, eine die Zähne zusammenbeißende Entschlossenheit und eine Anstrengung, ganz ruhig zu bleiben – ein Anblick, der mich verwunderte. Ich kam an einen Punkt, wo ich in meinen Angaben etwas genauer sein wollte, und da es noch hell genug war, dachte ich an die rote Kreide in meiner Tasche und zeichnete die Hand an die Mauer. ›Hier, siehst du, ist die Hand‹, sagte ich und erläuterte ihre wahre Bedeutung, ›du siehst, der Daumen kommt zwischen den ersten beiden Fingern hervor‹, und ich wäre fortgefahren und hätte weiter mein Diagramm auf die Mauer gezeichnet, wenn er nicht zu meiner Überraschung meine Hand weggeschlagen hätte. ›Nein, nein!‹ sagte er. ›Das will ich nicht alles wissen. Und dieser Ort ist nicht abgelegen genug – laß uns weiter gehen, und du kannst mir alles genauestens erklären.‹ Ich fügte mich bereitwillig, und er führte mich fort, durch die einsamsten Seitensträßchen, während ich ihm den Plan des verborgenen Schatzhauses Wort für Wort einprägte. Ein-, zweimal ertappte ich beim Aufblicken

Vivian dabei, wie er sich mit eigenartigem Gebaren umsah; er schien rasch verstohlen nach oben und nach unten zu sehen und die Häuser zu mustern und hatte überhaupt ein heimliches, furchtsames Wesen, das mir mißfiel. ›Gehen wir nordwärts‹, sagte er schließlich, ›wir kommen dort in ruhige grüne Straßen, wo wir diese Angelegenheit ohne Eile besprechen können – meine Nachtruhe steht zu deiner Verfügung.‹ Ich lehnte ab, unter dem Vorwand, meinen Besuch in der Oxford Street nicht entbehren zu können, und fuhr fort, bis er jede Wegbiegung und Abzweigung und jedes winzigste Detail ebensogut kannte wie ich. Wir waren nun den alten Weg zurückgegangen und standen wieder in der dunklen Nebenstraße, eben dort, wo ich die rote Hand an die Mauer gemalt hatte, denn ich erkannte den unklaren Umriß der Bäume, die ihre Zweige über uns neigten. ›Wir sind da, wo wir losgegangen sind‹, sagte ich. ›Ich glaube fast, ich könnte die Mauer dort berühren, wo ich die Hand hingemalt habe. Und ich bin sicher, du könntest jetzt die mystische Hand in den Hügeln ebenso gewiß berühren wie ich. Denk daran: Zwischen Strom und Stein.‹

Ich stand hinuntergebeugt und versuchte, meine Zeichnung zu erkennen, als ich einen scharf zischenden Atemzug hörte und mich halb aufrichtete. Ich sah Vivian mit erhobenem Arm, eine blanke Klinge in der Hand und drohenden Tod in den Augen. In reiner Selbstverteidigung fuhr meine Hand an die Feuersteinwaffe in meiner Tasche, und ich hieb in blinder Angst um mein Leben nach ihm. Im nächsten Augenblick lag er tot auf dem Pflaster.

Ich glaube, das ist alles«, fuhr Mr. Selby nach einer Pause fort, »und ich kann nur noch sagen, Mr. Dyson, daß es mir ganz unvorstellbar ist, wie Sie mich finden konnten.«

»Ich habe viele Hinweise verfolgt«, sagte Dyson, »und darf keinerlei Scharfsinn für mich in Anspruch nehmen, da ich mehrere grobe Fehler gemacht habe. Ihr Himmelscode hat mir, das muß ich sagen, nicht viel Mühe gemacht – ich sah gleich, daß astronomische Ausdrücke für gewöhnliche Wörter und Wendungen eingesetzt worden waren. Sie hatten etwas Schwarzes verloren, beziehungsweise etwas Schwarzes war Ihnen gestohlen worden; ein Himmelsglobus heißt eine Kopie dessen, was Sie verloren haben. Also mußte ich zu dem Schluß kommen, daß Sie einen schwarzen Gegenstand mit Zeichen oder Symbolen verloren hatten, denn das fragliche Objekt enthielt auf jeden Fall wertvolle Informationen, und jede Information muß in Schrift oder Bild ausgedrückt sein. ›Unsere alte Umlaufbahn bleibt unverändert‹; offensichtlich unser altes Vorgehen oder Übereinkommen. Die ›Ziffer meines Sternzeichens‹ muß bedeuten: die Nummer meines Hauses, eine Anspielung auf den Tierkreis. Ich muß nicht betonen, daß ›die andere Seite des Mondes‹ nur einen Ort bedeuten kann, wo noch niemand zuvor gewesen ist, und ›ein anderes Haus‹ einen anderen Treffpunkt, mit Bezug auf die himmlischen Häuser der Planeten. Dann war mein nächster Schritt, den gestohlenen ›schwarzen Himmel‹ zu finden, und durch ein Verfahren der Erschöpfung von Möglichkeiten gelang mir das.«

»Sie haben die Tafel?«

»Gewiß. Und auf der Rückseite, auf dem von Ihnen erwähnten Zettelchen, las ich ›Inroad‹, was mich zuerst sehr verwirrte, bis ich an Gray's Inn Road dachte – Sie haben das zweite *n* ausgelassen. ›Stony-hearted step – – –‹ ließ sofort an De Quinceys berühmte Formulierung denken, die Sie angeführt haben; und ich kam zu dem tollkühnen, aber korrekten Schluß, daß Sie jemand sind, der in oder bei der Gray's Inn Road wohnt und es gewohnt ist, in der Oxford Street spazierenzugehen, denn wie eindringlich beschreibt der Opiumesser sein ermüdendes Flanieren auf dieser Straße! Auf dem Hintergrund der Umwahrscheinlichkeitstheorie, die ich meinem Freund hier schon erklärt habe, kam ich zu dem Schluß, daß Sie mindestens gelegentlich den Weg durch die Guilford Street, über den Russell Square und durch die Great Russell Street nehmen würden, und ich wußte, wenn ich lange genug Ausschau nach Ihnen hielte, würde ich Sie sehen. Aber wie sollte ich meinen Mann erkennen? Mir fiel der Pflasterkünstler gegenüber meiner Wohnung auf, und ich brachte ihn dazu, jeden Tag eine große Hand in der uns allen so vertrauten Geste an die Mauer hinter sich zu malen. Ich dachte mir, wenn die unbekannte Person vorbeikäme, würde sie beim plötzlichen Anblick des Zeichens – für sie das schrecklichste aller Symbole – eine verräterische Gefühlsäußerung nicht unterdrücken können. Den Rest wissen Sie. Ach, wie ich Sie eine Stunde später überraschte – das war, ich muß es gestehen, eine kleine Finesse. Aus der Tatsache, daß Sie so viele Jahre dasselbe Zimmer bewohnt haben, noch dazu in einer Nachbarschaft, wo sonst die Mieter heute hier und morgen dort sind, schloß ich, daß Sie ein Mann von eingewurzelten Gewohnheiten sind, und ich war mir sicher, daß Sie nach Überwindung Ihres Schreckens zurückkehren würden, um Ihren Gang durch die Oxford Street zu machen. Das taten Sie, Sie traten aus der Oxford Street, und ich wartete an der Ecke.«

»Ihre Schlüsse sind bewundernswert«, sagte Mr. Selby. »Ich kann nur hinzufügen, daß ich meinen Gang in der Oxford Street auch in der Nacht tat, als Sir Thomas Vivian starb. Und das ist, glaube ich, alles, was ich zu sagen habe.«

»Wohl doch nicht«, sagte Dyson. »Was ist mit dem Schatz?«

»Ich würde es vorziehen, darüber nicht mit Ihnen zu sprechen«, sagte Mr. Selby, aus dessen Schläfen das Blut gewichen war.

»Ach Unsinn, Sir, wir sind keine Erpresser. Außerdem wissen Sie doch, daß Sie in unserer Gewalt sind.«

»Da Sie es so beschreiben, Mr. Dyson, muß ich Ihnen sagen, daß ich an die Stelle zurückgekehrt bin. Ich bin etwas weiter vorgedrungen als beim ersten Mal.«

Der Mann hielt abrupt inne; sein Mund begann zu zucken, die Lippen traten auseinander und er sog mit einem schluchzenden Laut rasche Atemzüge ein.

»Nun ja«, sagte Dyson, »Sie haben sich wohl nicht schlecht dabei gestanden.«

»Nicht schlecht«, sprach Selby, der sich mit großer Anstrengung zur Ruhe zwang. »Ja! Nicht schlecht! So gut, daß die Hölle für immer heiß in mir brennt. Ich habe nur ein einziges Ding aus dem entsetzlichen Haus in den Hügeln mitgebracht; es lag gleich hinter der Stelle, wo ich das Feuersteinmesser gefunden hatte.«

»Warum nicht mehr?«

Der ganze Körper des gepeinigten Mannes fiel sichtbar in sich zusammen und schrumpfte; sein Gesicht wurde gelb wie Talg, und der Schweiß troff von seiner Stirne. Der Anblick war so widerlich wie entsetzenerregend, und als seine Stimme hörbar wurde, klang sie wie das Zischen einer Schlange.

»Weil die Wächter noch da sind und ich sie gesehen habe, und deswegen –:« Und er zog eine kleine, seltsam geformte Goldschmiedearbeit hervor und hielt sie empor.

»Da«, sagte er, »das ist die Qual des Bockes.«

Phillipps und Dyson schrieen gemeinsam auf vor Entsetzen über die abstoßende Obszönität des Dinges.

»Weg damit, Mann, um Himmels willen, verbergen Sie es! Weg damit!«

»Das habe ich mitgenommen; sonst nichts«, sagte er. »Es wird Sie nicht wundern, daß ich nicht lange an einem Ort blieb, wo die Lebenden ein klein wenig über den Tieren stehen und wo das, was Sie gesehen haben, tausendfach übertroffen wird?«

»Nehmen Sie das an sich«, sagte Dyson. »Ich habe es mitgebracht, falls es von Nutzen sein möchte«; und er zog die schwarze Tafel heraus und reichte sie dem bebenden, schrecklichen Mann.

»Und jetzt –«, sagte Dyson, »würden Sie bitte gehen?«

Die beiden Freunde saßen eine Weile schweigend da und sahen einander mit unruhigen Blicken und zitternden Lippen an.

»Ich möchte ausdrücklich feststellen, daß ich ihm glaube«, sagte Phillipps.

»Mein lieber Phillipps«, sagte Dyson, während er die Fenster weit öffnete, »am Ende waren meine Irrtümer in diesem Fall doch gar nicht so absurd.«

Die weißen Gestalten

Prolog

»Hexerei und Heiligkeit«, sagte Ambrose, »das sind die einzigen Wirklichkeiten. Beides ist Ekstase, ein Rückzug aus dem gewöhnlichen Leben.«

Cotgrave hörte interessiert zu. Ein Freund hatte ihn in dieses verfallende Haus in einer nördlichen Vorstadt gebracht, durch den alten Garten in das Zimmer, wo Ambrose, der Einsiedler, über seinen Büchern nickte und träumte.

»Ja«, fuhr er fort, »in ihren Kindern rechtfertigt sich Magie. Es gibt, glaube ich, viele, die trocken Brot essen und Wasser trinken und dabei einen unvergleichlich schärferen Genuß empfinden als ihn der ›praktische‹ Epikureer je kennenlernt.«

»Sie sprechen von den Heiligen?«

»Ja, und von den Sündern auch. Ich glaube, Sie folgen dem sehr verbreiteten Irrtum, die geistige Welt auf das übermäßig Gute beschränken zu wollen – aber die hervorragend Bösen haben notwendigerweise auch ihren Anteil daran. Der lediglich sinnliche, fleischliche Mensch kann ebensowenig ein großer Sünder werden wie ein großer Heiliger. Die meisten von uns sind uninteressante, hilflos banale Wesen – wir stolpern durch die Welt, ohne die Bedeutung und den inneren Sinn der Dinge zu begreifen, und folglich sind unsere Sündhaftigkeit wie unsere Güte billig und unwichtig.«

»Und Sie glauben also, der große Sünder ist ein Asket wie der große Heilige?«

»Große Menschen jedweder Art wenden sich vom unvollkommenen Abklatsch ab und suchen das vollkommene Original. Ich bezweifle nicht, daß viele der Erhabensten unter den Heiligen in ihrem ganzen Leben nie eine ›gute Tat‹ getan haben, nimmt man die Worte in ihrer gewöhnlichen Bedeutung. Und wiederum hat es Menschen gegeben, welche die tiefsten

Tiefen der Sünde ausgelotet haben, ohne ihr Leben lang eine ›böse Tat‹ zu begehen.«

Er verließ das Zimmer einen Moment, und Cotgrave wandte sich entzückt zu seinem Freund und dankte ihm, daß er ihn hier eingeführt hatte.

»Der ist großartig«, sagte er. »Diese Form von Verrücktheit ist mir noch nie begegnet.«

Ambrose kam mit weiterem Whisky zurück und schenkte den beiden großzügig ein. Er beschimpfte die Sekte der Abstinenzler aufs Unverblümteste, während er das Sodawasser herumreichte, und goß sich dann selbst ein Glas Wasser ein, um in seinem Monolog fortzufahren, als Cotgrave ihn unterbrach:

»Das halte ich nicht aus, verzeihen Sie schon«, sagte er. »Ihre Paradoxa sind zu ungeheuerlich. Einer kann ein großer Sünder sein und doch nie etwas Sündiges tun! Ich bitte Sie!«

»Da haben Sie vollkommen unrecht«, sagte Ambrose. »Ich formuliere nie ein Paradox – ich wünschte, ich könnte es. Ich habe nur gesagt, daß ein Mann einen erlesenen Geschmack für Romanée Conti haben kann, ohne je Dünnbier auch nur gerochen zu haben. Das ist alles, und das ist mehr eine Binsenweisheit als ein Paradox, nicht wahr? Ihre Verblüffung über meine Bemerkung zeigt, daß Ihnen noch nicht klargeworden ist, was Sünde heißt. O ja, es gibt natürlich eine gewisse Verbindung zwischen der eigentlichen, der wahren Sünde und den Handlungen, die man gemeinhin sündhaft nennt – Mord, Diebstahl, Ehebruch und so fort. Etwa so, wie es eine Verbindung zwischen dem ABC und der großen Literatur gibt. Aber ich glaube, daß das Mißverständnis – das fast allgemein herrscht – zum großen Teil daher rührt, daß wir die Angelegenheit durch die gesellschaftliche Brille sehen. Wir glauben, daß der Mensch, der *uns* und unseren Nachbarn Böses tut, sehr böse sein muß. Er ist es auch, vom gesellschaftlichen Standpunkt; aber begreifen Sie nicht, daß das Böse eine wesentlich einsame Sache ist, eine Leidenschaft der einzelnen Seele allein? Wirklich, der durchschnittliche Mörder ist *qua*

Mörder keineswegs ein Sünder im wahrhaften Sinne des Wortes. Er ist nur ein wildes Tier, dessen wir uns entledigen müssen, um unseren Hals vor seinem Messer zu schützen. Eher als zu den Sündern würde ich ihn zu den Tigern stellen.«

»Das scheint ein wenig eigenartig.«

»Ich glaube nicht. Der Mörder mordet nicht aus einer positiven Eigenschaft heraus, sondern aus einer negativen: Ihm fehlt etwas, das Nicht-Mörder haben. Das Böse ist natürlich vollkommen positiv – nur auf der falschen Seite. Sie dürfen mir glauben, Sünde in des Wortes wahrer Bedeutung ist sehr selten; wahrscheinlich hat es viel weniger Sünder als Heilige gegeben. Ja, Ihr Standpunkt ist für praktische Zwecke der Gesellschaft schön und gut – wir neigen natürlich zu der Annahme, daß ein Mensch, der sich uns gegenüber sehr unangenehm verhält, ein sehr großer Sünder sein muß! Es ist unangenehm, wenn einem die Brieftasche gestohlen wird, und wir sehen in dem Taschendieb einen großen Sünder. Tatsächlich ist er nur ein unentwickelter Mensch. Er kann natürlich kein Heiliger sein, aber er könnte ein unendlich viel besseres Geschöpf sein – und ist es auch oft – als Tausende, die niemals auch nur eines der zehn Gebote übertreten haben. Er ist *uns* sehr lästig, zugegeben, und es ist ganz in der Ordnung, daß wir ihn einsperren, wenn wir ihn zu fassen kriegen; aber zwischen seiner irritierenden und antisozialen Handlung und dem Bösen ist die Verbindung – ach! nur ganz, ganz schwach.«

Es wurde langsam sehr spät. Dem Mann, der Cotgrave mitgebracht hatte, war all dies wahrscheinlich vertraut, da er mit kennerischem Lächeln lauschte, ohne sich einzumischen, aber Cotgrave begann zu glauben, daß sein Verrückter sich in einen Weisen verwandelte.

»Hören Sie«, sagte er, »was Sie sagen, interessiert mich in höchstem Maße. Sie glauben also, daß wir die wahre Natur des Bösen nicht begreifen?«

»Ja, das tun wir, glaube ich, nicht. Wir überschätzen es und wir unterschätzen es. Wir sehen die äußerst zahlreichen Übertretungen unserer verschiedenen gesellschaftlichen Spielregeln – der höchst notwendigen und angemessenen Regeln, welche die gesellige Menschheit zusammenhalten – und wir erschrecken über das Ausmaß von ›Sünde‹ und ›Bösem‹. Aber das ist Unsinn. Nehmen wir den Diebstahl. Empfinden Sie *Entsetzen* beim Gedanken an Robin Hood oder die Hochlandräuber des siebzehnten Jahrhunderts oder die Aktienverkäufer unserer Zeit?

Andererseits unterschätzen wir das Böse. Wir nehmen die ›Sünde‹, daß sich jemand an unserem Portemonnaie (oder an unserer Gattin) zu schaffen macht, so ungeheuer wichtig, daß wir das Ungeheuerliche wahrer Sünde vollkommen vergessen haben.«

»Und was ist Sünde?« fragte Cotgrave.

»Ich glaube, ich muß Ihre Frage mit einer Gegenfrage beantworten. Was würden Sie – ganz ernsthaft – empfinden, wenn Ihre Katze oder Ihr Hund zu Ihnen spräche und Sie mit menschlichen Lauten anredete? Sie wären vor Entsetzen überwältigt. Ich bin mir dessen sicher. Und wenn die Rosen in Ihrem Garten ein seltsames Lied anstimmten, würden Sie wahnsinnig. Und nehmen Sie an, die Pflastersteine auf der Straße würden vor Ihren Augen aufschwellen und wachsen; und wenn der Kiesel, der Ihnen am Abend aufgefallen war, morgens steinerne Blüten getrieben hätte?

Nun, diese Beispiele geben Ihnen vielleicht einen Begriff davon, was Sünde wirklich ist.«

»Hört mal«, sagte der dritte Mann, der bis jetzt behaglich geschwiegen hatte, »ihr beide werdet erst richtig warm. Aber ich will nach Haus. Ich hab meine Straßenbahn versäumt und muß zu Fuß gehen.«

Ambrose und Cotgrave sanken tiefer in ihre Sessel, als der andere in den nebligfrühen Morgen und das blasse Licht der Laternen hinausgegangen war.

»Sie setzen mich in Erstaunen«, sagte Cotgrave. »Daran habe ich nie gedacht. Wenn dem wirklich so ist, muß man alles auf den Kopf stellen. Dann ist das Wesen der Sünde in Wirklichkeit –«

»Wenn man den Himmel im Sturm nimmt, scheint mir«, sagte Ambrose. »Ich denke, daß Sünde schlicht der Versuch ist, auf verbotene Weise in eine andere und höhere Sphäre vorzudringen. Man kann verstehen, weshalb sie so selten ist. Es gibt wahrhaftig nur wenige, die in andere Sphären vorzudringen wünschen, höhere oder tiefere, auf erlaubtem oder verbotenem Wege. Die Masse der Menschen ist mit dem Leben, das sie vorfindet, reichlich zufrieden. Deshalb gibt es wenig Heilige, und die Sünder (im richtigen Sinne) sind noch seltener. Und Genies, die manchmal an beiden Formen teilhaben, sind auch rar. Ja, insgesamt ist es vielleicht schwieriger, ein großer Sünder zu sein als ein großer Heiliger.«

»Es ist an der Sünde etwas zutiefst Unnatürliches? Das meinen Sie?«

»Genau. Die Heiligkeit verlangt eine ebenso große oder fast ebenso große Anstrengung, doch die Heiligkeit geht eine Bahn, die einmal natürlich *war*; sie besteht in einer Anstrengung, die Ekstase wiederzuerlangen, die es vor dem Sündenfall gab. Die Sünde aber ist die Anstrengung, die Ekstase und das Wissen zu erlangen, welche allein den Engeln zugehören. Und indem der Mensch diese Anstrengung macht, wird er ein Dämon. Ich habe Ihnen gesagt, daß der bloße Mörder *deshalb* noch kein Sünder ist. Das ist wahr, aber der Sünder ist zuweilen ein Mörder. Gilles de Rais ist ein Beispiel. Sie sehen also, daß Gut und Böse zwar für den Menschen, wie er jetzt ist, gleichermaßen unnatürlich sind – für den Menschen als ein gesellschaftliches, zivilisiertes Wesen –, daß aber das Böse in einem viel tieferen Sinn unnatürlich ist als das Gute. Der Heilige versucht, eine Begabung wiederzubekommen, die er verloren hat; der Sünder will etwas erlangen, was ihm nie gehörte. Kurz: Er wiederholt den Sündenfall.«

»Aber sind Sie denn Katholik?«

»Ja; ich gehöre der verfolgten Anglikanischen Kirche an.«

»Wie steht es dann mit jenen Texten, wo das als Sünde bewertet wird, was Sie als bloße triviale Regelüberschreitung einstufen würden?«

»Schon – aber an einer Stelle steht im selben Satz auch das Wort ›Zauberer‹, erinnern Sie sich? Das scheint mir den Akzent zu legen. Überlegen Sie: Können Sie sich auch nur einen Augenblick lang vorstellen, daß ein falsches Zeugnis, das einen Unschuldigen rettet, eine Sünde ist? Nein. Gut, es ist also nicht der bloße Lügner, der mit diesen Worten ausgeschlossen wird – es sind vor allem die ›Zauberer‹, die sich das materielle Leben zunutze machen, die seine ihm innewohnenden Mängel als Instrumente für ihre unendlich sündhaften Ziele gebrauchen. Und lassen Sie mich eines sagen: Unsere höheren Sinne sind so abgestumpft, wir sind so durchtränkt von Materialismus, daß wir wahrscheinlich wirkliche Sündhaftigkeit gar nicht erkennen würden, wenn wir ihr begegneten.«

»Aber würden wir nicht ein gewisses Entsetzen empfinden – ein Entsetzen, wie Sie es für den Fall angedeutet haben, daß ein Rosenstrauch sänge –, wenn ein böser Mensch auch nur gegenwärtig wäre?«

»Das würden wir, wären wir natürlich. Kinder und Frauen fühlen dieses Entsetzen, von dem Sie sprechen, sogar die Tiere. Doch bei den meisten von uns haben Konvention und Zivilisation und Erziehung die natürliche Vernunft geblendet, betäubt und verhüllt. Nein, manchmal mögen wir das Böse an seinem Haß auf das Gute erkennen – man braucht keine große Gedankenschärfe, um den Einfluß zu erraten, der (ganz unbewußt) jene *Blackwood*-Rezension von Keats' Gedichten diktiert hat –, aber das ist ein zufälliges Zusammentreffen; in der Regel, möchte ich meinen, fallen die Hierarchen des Infernos gar nicht weiter auf oder gehen in bestimmten Fällen als irrende gute Menschen durch.«

»Aber gerade haben Sie das Wort ›unbewußt‹ gebraucht – mit Bezug auf Keats' Rezensenten. Ist das Böse je unbewußt?«

»Immer. Es muß so sein. Die Sünde ist wie die Heiligkeit oder das Genie, in dieser wie in manch anderer Hinsicht; sie ist eine ganz bestimmte Hingerissenheit oder Ekstase der Seele, eine transzendente Anstrengung, die normalen Grenzen zu überspringen. Indem sie über diese Grenzen hinausgeht, geht sie auch über das Begriffsvermögen, geht vorbei an dem Sensorium, das für die Normalität zuständig ist. Nein, ein Mann mag unendlich und fürchterlich böse sein und es niemals ahnen. Aber ich sage Ihnen, in diesem seinem genauen und wahren Sinn ist das Böse selten, und ich glaube, es wird immer seltener.«

»Ich versuche, Ihnen ganz zu folgen«, sagte Cotgrave. »Nach dem, was Sie sagen, ist also das wahre Böse qualitativ verschieden von dem, was wir böse nennen?«

»Ganz recht. Es gibt da zweifellos eine Analogie, eine Ähnlichkeit wie die, welche es uns ermöglicht, in durchaus sinnvoller Weise Formulierungen zu gebrauchen wie ›der Fuß des Berges‹ oder ›das Stuhlbein‹. Und manchmal sprechen die beiden natürlich sozusagen dieselbe Sprache. Ein grobschlächtiger Bergmann oder Stahlarbeiter, der ungebildete und unentwickelte ›Tigermann‹, kommt, erhitzt von zwei, drei Gläsern zuviel, nach Hause und tritt seine verärgerte und vorwurfsvolle Ehefrau tot. Er ist ein Mörder. Und Gilles de Rais war auch ein Mörder. Aber sehen Sie den Abgrund zwischen beiden? Das ›Wort‹, wenn ich mich so ausdrücken darf, ist zufällig in beiden Fällen dasselbe, aber der ›Sinn‹ ist ganz und gar verschieden. Es ist eine schiere Verballhornung, die beiden zu vertauschen; es ist, als ginge man davon aus, daß Nirwana und Nirgendwo etymologisch zusammenhängen. Und zweifellos läßt sich dieselbe schwache Ähnlichkeit oder Analogie zwischen all den ›gesellschaftlichen‹ Sünden und den wahren geistigen Sünden erkennen; in manchen Fällen mögen die geringeren vielleicht die – Schulmeister sein, die zu den größeren führen, vom Schattenbild zur Wirklichkeit. Wenn Sie theologische Kenntnisse haben, wird Ihnen die Bedeutung von all dem klar sein.«

»Ich muß leider sagen«, bemerkte Cotgrave, »daß ich nur sehr wenig Zeit mit Theologie zugebracht habe. Tatsächlich habe ich mich oft gefragt, mit welcher Berechtigung die Theologen ihr Studium zu den Wissenschaften rechnen wollen – da die theologischen Bücher, in die ich hineingesehen habe, mir stets mit schwächlichen und simplen Frömmeleien befaßt schienen oder mit den Königen von Israel und Juda. Von diesen Königen will ich nichts hören.«

Ambrose grinste.

»Wir müssen versuchen, theologische Diskussionen zu vermeiden«, sagte er. »Ich sehe, Sie wären ein scharfer Disputant. Aber vielleicht haben die Regierungszeiten dieser Könige soviel mit Theologie zu tun wie die Stiefel des mörderischen Bergmanns mit dem Bösen.«

»Dann glauben Sie – um zu unserem eigentlichen Thema zurückzukehren –, daß die Sünde eine esoterische, okkulte Angelegenheit ist?«

»Ja. Sie ist das infernalische Wunder, wie die Heiligkeit das obere. Gelegentlich steigert sie sich zu solcher Intensität, daß wir ihre Existenz gar nicht erahnen: wie der Ton der großen Pedalorgelpfeifen, der so tief ist, daß wir ihn nicht hören. In anderen Fällen mag sie in die geschlossene Anstalt führen oder zu noch seltsameren Orten. Aber Sie dürfen sie nie mit bloß gesellschaftlichen Missetaten verwechseln. Denken Sie daran, wie der Apostel – um von der ›anderen Seite‹ zu reden – zwischen den wohltätigen Handlungen und der Liebe unterscheidet. So, wie man all seine Habe den Armen geben kann, und doch der Liebe nicht hätte – so, denken Sie daran, kann man jegliches Verbrechen vermeiden und doch ein Sünder sein.«

»Ihre Psychologie wirkt auf mich äußerst seltsam«, sagte Cotgrave, »aber ich gestehe: sie gefällt mir; und ich nehme an, daß man aus Ihren Voraussetzungen ableiten darf, der wahre Sünder könnte dem Beobachter durchaus als ganz harmlose Person erscheinen?«

»Sicher. Weil eben das wahre Böse nichts mit dem gesellschaftlichen Leben oder den Gesetzen der Gesellschaft zu tun hat, oder doch nur gelegentlich und zufällig. Es ist eine einsame Leidenschaft der Seele – oder eine Leidenschaft der einsamen Seele, wie Sie möchten. Wenn wir sie zufällig begreifen und ihre volle Bedeutung erfassen, dann wird sie uns in der Tat mit Entsetzen und Ehrfurcht erfüllen. Aber dieses Gefühl ist weit entfernt von der Angst und dem Widerwillen, mit welchen wir den gewöhnlichen Kriminellen betrachten, da diese weitgehend oder ganz auf der Wertschätzung unserer eigenen Haut und Barschaft beruhen. Wir hassen einen Mörder, weil es häßlich ist, ermordet zu werden oder einen uns nahestehenden Menschen durch einen Mord zu verlieren. So verehren wir auf der ›anderen Seite‹ die Heiligen, aber wir mögen sie nicht wie unsere Freunde. Können Sie sich einreden, daß Ihnen die Gesellschaft des heiligen Paulus gefallen hätte? Glauben Sie, wir beide hätten uns mit Galahad gut verstanden?

Und wie mit den Heiligen, so mit den Sündern. Würden Sie einem sehr bösen Mann begegnen und das Böse in ihm erkennen, würde er Sie zweifellos entsetzen. Sie würden Furcht verspüren, aber es gibt keinen Grund, ihn unsympathisch zu finden. Im Gegenteil, es ist durchaus möglich, daß der Sünder sehr kurzweilig und liebenswürdig erscheint, und nach einem Weilchen müßten Sie sich mit angestrengt vernünftigen Überlegungen wieder ins Entsetzen zurücktasten. Und doch – wie furchtbar es ist! Wenn die Rosen und Lilien plötzlich sängen an diesem aufziehenden Morgen; wenn die Möbel sich bewegten und zu einem Zug formierten, wie in Maupassants Geschichte!«

»Ich bin froh, daß Sie auf diesen Vergleich zurückkommen«, sagte Cotgrave, »weil ich Sie fragen wollte, was denn beim Menschen diesen imaginären Taten der bewußtlosen Welt entsprechen würde. Mit einem Wort – was ist Sünde? Sie haben mir eine abstrakte Definition gegeben, ich weiß schon, aber ich hätte gerne ein konkretes Beispiel.«

»Ich habe Ihnen gesagt, daß das sehr selten ist«, sagte Ambrose, der nicht ungern bereit schien, einer direkten Antwort auszuweichen. »Der Materialismus unseres Zeitalters, der einiges getan hat, die Heiligkeit zu unterdrücken, hat vielleicht noch mehr bei der Unterdrückung des Bösen geleistet. Wir finden die Erde so komfortabel, daß wir weder zu Aufstiegen noch Abstiegen große Neigung empfinden. Es hat den Anschein, als müßte sich ein Gelehrter, der sich auf Infernalia spezialisieren wollte, sein Material rein historisch zusammenstellen. Kein Paläontologe könnte Ihnen einen *lebendigen* Pterodaktylos zeigen.«

»Und doch haben Sie sich, glaube ich, spezialisiert... Und Ihre Nachforschungen dürften bis in die Gegenwart reichen.«

»Sie sind wirklich interessiert, wie ich sehe. Nun, ich gestehe es, ich habe ein wenig herumdilettiert, und wenn Sie möchten, kann ich Ihnen etwas zeigen, was mit den seltsamen Themen, die wir diskutiert haben, in Zusammenhang steht.«

Ambrose nahm eine Kerze und ging in eine entfernte, dunkle Ecke des Zimmers. Cotgrave sah, wie er dort einen altehrwürdigen Schreibtisch öffnete und aus irgendeinem verborgenen Fach ein Päckchen zog. Mit diesem trat er wieder an das Fenster, vor dem sie saßen.

Ambrose öffnete das Packpapier und zog ein grünes Notizbuch heraus.

»Sie werden gut darauf achtgeben?« fragte er. »Lassen Sie es nicht herumliegen. Es ist eines meiner erleseneren Sammlerstücke, und es täte mir sehr leid, wenn es verlorenginge.«

Er liebkoste den verblaßten Einband.

»Ich kannte das Mädchen, das dies hier geschrieben hat«, sagte er. »Wenn Sie es lesen, dann werden Sie sehen, wie dadurch unsere Unterhaltung heute nacht erhellt wird. Es gibt auch noch eine Fortsetzung, aber davon will ich jetzt nicht reden.«

»Es stand ein seltsamer Aufsatz in einer von den Monatsschriften, vor einem Vierteljahr oder so«, fing er wieder an, wie einer, der das Thema wechselt. »Er war von einem Arzt – Dr. Coryn war der Name, glaube ich. Er sagt, daß eine Dame ihrem kleinen Mädchen beim Spielen am Wohnzimmerfenster zuschaute und plötzlich sah, wie das schwere Schiebfenster sich löste und auf die Finger des Kindes herabfiel. Die Dame sank, glaube ich, in Ohnmacht. Jedenfalls wurde der Arzt geholt, und als er die verletzten und verstümmelten Finger des Kindes verbunden hatte, rief man ihn zu der Mutter. Sie stöhnte vor Schmerzen, und es stellte sich heraus, daß drei Finger ihrer Hand – den bei dem Kind verletzten entsprechend – geschwollen und entzündet waren, und später setzte, um den Doktor zu zitieren, eitrige Abschorfung ein.«

Ambrose drehte immer noch vorsichtig das grüne Bändchen in den Händen.

»Also, hier haben Sie es«, sagte er schließlich; er trennte sich, wie es schien, nur schwer von seinem Schatz.

»Sie werden es zurückbringen, sobald Sie es gelesen haben«, sagte er, als sie in die Diele hinaustraten, dann in den alten Garten, in dem es schwach nach weißen Lilien duftete.

Ein breiter roter Streif stand im Osten, als Cotgrave sich zu gehen anschickte, und von der Anhöhe, auf der er stand, sah er Londons ungeheures Panorama wie in einem Traum.

Das grüne Buch

Der grüne Saffianeinband war verblichen und die Farbe nur noch schwach zu erkennen, aber es trug keine Flecken oder bestoßenen Stellen und zeigte keine Spuren des Gebrauchs. Das Buch sah aus, als wäre es vor siebzig, achtzig Jahren »bei einem Besuch in London« erstanden worden, und als hätte man es später vergessen und irgendwo verborgen liegen lassen. Ein alter, feiner, hartnäckiger Geruch haftete ihm an, ein Geruch, wie er manchmal ein Jahrhundert oder länger noch ein altes Möbelstück umgibt. Das Vorsatzpapier war seltsam mit bunten Mustern und verblichenem Gold geziert. Das Buch sah schmal aus, aber das Papier war sehr fein und dünn, und das Buch enthielt viele Seiten, eng mit winzigen, mühsam geformten Buchstaben bedeckt.

Ich habe dieses Buch – so begann das Manuskript – in einer Schublade in der alten Kommode auf dem Treppenabsatz gefunden. Es war ein Regentag und ich konnte nicht hinaus, also holte ich mir am Nachmittag eine Kerze und kramte in der

Kommode. Fast all die Schubladen waren voll alter Kleider, aber eine von den kleinen sah ganz leer aus, und dann fand ich dieses Buch ganz hinten versteckt. Ich wollte so ein Buch haben, also habe ich es genommen, um hineinzuschreiben. Es ist voller Geheimnisse. Ich habe sehr viele andere Bücher mit Geheimnissen, die ich aufgeschrieben habe, an einem sicheren Ort versteckt, und hier werde ich viele von den alten Geheimnissen aufschreiben und ein paar neue. Aber manche werde ich gar nicht schreiben. Ich darf die wahren Namen von den Tagen und Monaten nicht aufschreiben, die ich vor einem Jahr herausgefunden habe, und nicht, wie man die Aklobuchstaben macht oder die Chiansprache oder die großen wunderbaren Kreise oder die Maospiele oder die Hauptlieder. Ich darf über alle diese Sachen etwas schreiben, aber nicht, wie man sie macht, aus besonderem Grund. Und ich darf nicht sagen, wer die Nymphen sind oder die Dôl oder Jeelo oder was die Vula bedeuten. Das sind alles höchst geheime Geheimnisse, und ich bin immer froh, wenn ich mich erinnere, was sie sind, und wieviel wunderbare Sprachen ich kann, aber es gibt manche Dinge, die nenne ich die geheimen Geheimnisse der Geheimnisse, und an die mag ich nur denken, wenn ich ganz allein bin, und dann schließe ich die Augen und lege die Hände darüber und flüstere das Wort und der Alala kommt. Das tue ich nur nachts in meinem Zimmer oder in bestimmten Wäldern, die ich weiß, aber die darf ich nicht beschreiben, weil es geheime Wälder sind. Dann gibt es die Zeremonien, die alle wichtig sind, aber manche sind viel schöner als die anderen – es gibt die Weißen Zeremonien, die Grünen Zeremonien und die Scharlachroten Zeremonien. Die Scharlachroten Zeremonien sind die besten, aber es gibt nur einen Ort, wo sie richtig durchgeführt werden können, obwohl es eine hübsche Nachahmung gibt, die ich an anderen Stellen gemacht habe. Außerdem habe ich die Tänze und die Komödie, und ich habe die Komödie manchmal gemacht, wenn andere zugeschaut haben, und sie haben nichts davon verstanden. Ich war sehr klein, als ich schon von diesen Dingen wußte.

Als ich noch ganz klein war und Mutter noch gelebt hat, da kann ich mich erinnern, daß ich mich an Dinge von davor erinnert habe, nur hat sich alles verwirrt. Aber ich kann mich erinnern, als ich fünf oder sechs war, da redeten sie über mich, als sie dachten, ich merke es nicht. Sie sagten, wie eigenartig ich vor ein, zwei Jahren war, und wie das Kindermädchen rief, daß meine Mutter kommen sollte und hören, wie ich mit mir selber sprach, und ich sagte Worte, die niemand verstehen konnte. Ich sprach die Xusprache, aber ich weiß nur noch ein paar von den Wörtern, denn das war über die kleinen weißen Gesichter, die mich immer angesehen haben, als ich in der Wiege lag. Sie sprachen immer mit mir, und ich lernte ihre Sprache, als ich mit ihnen über diesen großen weißen Ort redete, wo sie lebten, wo die Bäume und das Gras ganz weiß waren und wo es weiße Berge gab so hoch droben wie der Mond und einen kalten Wind. Ich habe oft später davon geträumt, aber die Gesichter gingen weg, als ich noch ganz klein war. Aber etwas Wunderbares geschah, als ich etwa fünf war. Meine Kinderfrau trug mich auf der Schulter. Da war ein gelbes Kornfeld, und wir gingen hindurch, es war sehr heiß. Dann kamen wir auf einen Waldweg, und ein großer Mann kam uns nach und ging mit uns, bis wir an einen Ort kamen, wo ein tiefer Teich war, und es war da sehr schattig und dunkel. Die Frau legte mich auf das weiche Moos unter einen Baum und sagte: »Jetzt kann sie nicht an den Teich.« Also ließen sie mich dort, und ich saß ganz still und schaute, und aus dem Wasser und aus dem Wald kamen zwei wunderschöne weiße Gestalten, und sie fingen an zu spielen und zu tanzen und zu singen. Sie waren von so einer Art sahnigem Weiß wie die alte Elfenbeinfigur im Salon. Die eine war eine schöne Dame mit freundlichen dunklen Augen und einem ernsthaften Gesicht und langen schwarzen Haaren, und sie lächelte die andere so seltsam traurig an, und die lachte und kam zu ihr. Sie spielten zusammen und tanzten um den Teich herum und herum, und sie sangen ein Lied, bis ich einschlief.

Die Kinderfrau weckte mich auf, als sie zurückkam, und sie

sah ein bißchen so aus wie die Dame ausgesehen hatte, also erzählte ich ihr alles und fragte sie, warum sie so aussah. Zuerst weinte sie laut, und dann sah sie sehr erschrocken aus und wurde ganz blaß. Sie legte mich ins Gras und starrte mich an, und ich konnte sehen, daß sie am ganzen Leib zitterte. Dann sagte sie, ich hätte geträumt, aber ich wußte, das stimmte nicht. Dann ließ sie mich versprechen, daß ich nie ein Wort zu irgend jemand sagen würde, und wenn ich es doch tat, würde ich in das tiefe schwarze Loch geworfen. Ich hatte gar keine Angst, wenn auch die Frau sich ängstigte, und ich habe das nie vergessen, denn wenn ich die Augen zumachte und es war ganz ruhig und ich ganz allein, dann konnte ich sie wieder sehen, ganz schwach und weit weg, aber herrlich, und Stückchen von dem Lied, das sie sangen, kamen mir in den Sinn, aber singen konnte ich es nicht.

Ich war dreizehn, fast vierzehn, als ich ein ganz einzigartiges Abenteuer hatte, so seltsam, daß der Tag, als es geschah, immer der Weiße Tag genannt wird. Meine Mutter war schon über ein Jahr tot, und morgens hatte ich Unterricht, aber an den Nachmittagen ließen sie mich hinausgehen. Und an diesem Nachmittag ging ich einen neuen Weg, und ein kleiner Bach führte mich in ein neues Land, aber ich zerriß mein neues Kleid, wie ich durch die vielen Büsche kam und unter den tiefhängenden Ästen hindurch und die Dornendikkichte an den Hügeln hinauf und durch dunkle Wälder voll Ranken mit Dornen. Und es war ein weiter, weiter Weg. Es schien, als ginge er ewig weiter, und ich kroch durch eine Stelle wie ein Tunnel, wo ein Bach gewesen sein mußte, aber das Wasser war ganz ausgetrocknet und der Boden steinig und die Büsche droben waren zusammengewachsen, daß es ganz dunkel war. Und ich ging an diesem dunklen Ort immer weiter; es war ein langer, langer Weg. Und ich kam an einen Berg, den ich noch nie gesehen hatte. Ich war in einem düsteren Dickicht voll schwarzer krummer Zweige, die an mir rissen, als ich hindurchging, und ich schrie, weil es mir am ganzen Leib weh tat, und dann merkte ich, daß ich in die Höhe stieg, und das ging lange, lange so weiter, bis endlich das Dickicht endete und ich weinend herauskam, gerade unterhalb von einem großen öden Ort, wo lauter häßliche graue Steine im Gras herumlagen und hier und da ein kleiner verkrümmter Baum unter einem Stein hervorkam wie eine Schlange. Und ich ging hinauf, bis zum Gipfel, den weiten Weg. Ich hatte noch nie so große häßliche Steine gesehen. Sie kamen aus der Erde heraus, manche davon, und manche sahen aus, als wären sie dahingerollt worden, wo sie lagen, und sie gingen immer weiter und weiter, soweit ich sehen konnte, eine große, große Strecke. Ich schaute mich weiter um und sah das Land, aber es war seltsam. Es war Winterszeit, und überall an den Bergen hingen schwarze schreckliche Wälder. Es war, wie wenn man ein mit schwarzen Tüchern ausgehängtes Zimmer sieht, und die Form der Bäume schien ganz anders, als ich es je gesehen hatte. Ich fürchtete mich. Dann lagen hinter den Wäldern andere Berge in einem großen Kreis, aber ich hatte noch nie welche davon gesehen. Es sah alles schwarz aus, und alles hatte einen Vur darüber. Es war alles so stumm und still, und der Himmel war schwer und grau und traurig, wie eine böse vurene Kuppel im tiefen Dendo. Ich ging weiter zwischen die schlimmen Felsen. Es waren Hunderte und Aberhunderte. Manche waren wie arglistig grinsende Männer. Ich konnte ihre Gesichter sehen, als wollten sie mich aus dem Stein heraus anspringen und mich umfassen und mit sich zurück in den Felsen zerren, damit ich immer dort bliebe. Und andere Felsen waren wie Tiere, kriechende, furchtbare Tiere, die ihre Zungen herausstreckten, und andere waren wie Worte, die ich nicht sagen konnte, und andere wie Tote, die auf dem Gras lagen. Ich ging zwischen ihnen hindurch, obwohl sie mich erschreckten, und mein Herz war voll von den bösen Liedern, die sie ihm eingaben, und ich wollte Gesichter schneiden und mich zusammenkrümmen, wie sie es taten, und ich ging lange immer weiter, bis mir endlich die Felsen gefielen und sie mich nicht mehr ängstigten. Ich sang die Lieder, die mir einfielen; Lieder voller Worte, die nicht gesprochen oder niedergeschrieben werfen dürfen. Dann machte ich Gesichter wie die Gesichter auf den Felsen, und ich krümmte mich zusammen so wie die Krummen, und ich legte mich flach auf den Boden wie die Toten, und ich ging hin zu einem, der da grinste, und legte meine Arme um ihn und umschlang ihn. Und so ging ich weiter und weiter durch die Felsen, bis ich zu einem runden Hügel in ihrer Mitte kam. Die runde Wölbung war noch höher als ein Hügel, sie war fast so groß wie unser Haus, und sie war wie eine große umgestülpte Schüssel, ganz glatt und rund und grün, mit einem Stein wie ein Pfahl, der am höchsten Punkt emporragte. Ich stieg an der Seite hinauf, aber ich mußte anhalten, weil es so steil war, daß ich sonst den ganzen Weg wieder hinuntergerollt wäre, und ich wäre gegen die Steine am Fuß geprallt und wäre vielleicht tot gewesen. Aber ich wollte ganz hinauf auf den großen runden Hügel, also legte ich mich aufs Gesicht und ergriff das Gras mit meinen Händen und zog mich empor, Stück um Stück, bis ich oben war. Dann setzte ich mich auf den Stein in der Mitte und schaute mich ringsumher um. Ich hatte das Gefühl, daß ich einen solch langen, langen Weg gekommen war, ganz als wäre ich hundert Meilen von zu Hause entfernt oder in einem anderen Land oder an einem der seltsamen Orte, von denen ich in den *Geschichten des Dschinn* und in *Tausendundeiner Nacht* gelesen hatte, oder als wäre ich übers Meer gefahren, weit fort, jahrelang, und hätte eine andere Welt gefunden, die niemand je zuvor gesehen und von der niemand je gehört hatte, oder als sei ich irgendwie durch den Himmel geflogen und wäre auf einen der Sterne gefallen, von denen ich gelesen hatte, wo alles tot ist und kalt und grau, und es gibt keine Luft, und der Wind weht nicht. Es war gerade, als säße ich auf einem Turm inmitten einer großen leeren Stadt, weil ich ringsum nichts sehen konnte als die grauen Felsen auf dem Boden. Ich konnte ihre Formen nicht mehr erkennen, aber ich konnte sie sich weit und weit in die Ferne erstrecken sehen, und ich sah sie an, und es schien, als wären sie in Mustern und Umrissen und Figuren geordnet. Ich wußte, das konnte nicht sein, denn ich hatte viele davon geradewegs aus der Erde hervorkommen sehen, verbunden mit dem tiefen Fels drunten, so schaute ich wieder hin, aber ich sah immer noch nichts als Kreise, und kleine Kreise in großen, und Pyramiden und Kuppeln und spitze Türme, und sie schienen sich alle um den Ort, wo ich saß, herum und herum zu drehen, und je mehr ich schaute, desto mehr sah ich große Felsenkreise, die immer noch größer wurden, und ich starrte so lange hin, daß es mir war, als bewegten und drehten sie sich alle wie ein großes Rad, und ich drehte mich auch in der Mitte. Es wurde mir ganz schwindlig und seltsam im Kopf, und alles fing an, verschwommen und nicht mehr klar auszusehen, und ich sah kleine Funken von blauem Licht, und die Steine sahen aus, als sprängen sie und tanzten und krümmten sich, wie sie herum und herum und herum fuhren. Ich hatte wieder Angst, und ich schrie laut und sprang von dem Stein auf, wo ich saß, und fiel zu Boden. Als ich aufstand, war ich froh, daß sie alle still aussahen, und ich setzte mich oben auf den Hügel und ließ mich hinuntergleiten und ging wieder weiter. Ich tanzte dabei in der besonderen Weise, in der die Steine getanzt hatten, als mir schwindlig wurde, und ich war froh, daß ich es so gut konnte, und sang ungewöhnliche Lieder, die mir in den Sinn kamen. Endlich kam ich zum Rand dieses großen flachen Berges, und es gab keine Felsen mehr, und der Weg ging wieder durch ein dunkles Dickicht in einem Hohlweg. Es war gerade so schlimm wie das, durch das ich beim Aufstieg gegangen war, aber diesmal machte es mir nichts aus, weil ich diese merkwürdigen Tänze gesehen hatte und sie nachmachen konnte. Ich ging abwärts und schlich durch die Büsche, und eine große Brennessel stach mein Bein, und es brannte, aber es war mir gleich, und ich glühte von den Dornen und den Zweigen, aber ich lachte nur und sang. Dann kam ich aus dem Dickicht in ein schmales Tal, das war ein kleiner, geheimer Ort wie ein dunkler Gang, den niemand kennt, weil es so eng und steil war und die Wälder ringsum so dicht. Da ist ein steiler Abhang, über den Bäume hängen, und da bleibt der

Farn den ganzen Winter grün, wenn er auf dem Berg tot und braun ist, und der Farn hat einen süßen, starken Geruch wie das, was aus den Tannen quillt. Ein kleiner Fluß rann durch dieses Tal, so schmal, daß ich leicht darüber hinwegschreiten konnte. Ich schöpfte das Wasser mit der Hand und trank, und es schmeckte wie heller, gelber Wein, und es funkelte und sprudelte, als es über wunderschöne rote und gelbe Steine lief, daß es lebendig schien, wie mit allen Farben zugleich. Ich trank es, und trank noch mehr aus meiner Hand, aber ich konnte nicht genug trinken, also legte ich mich hin und senkte den Kopf hinab und sog das Wasser mit meinen Lippen. Es schmeckte viel besser, wenn man es so trank, und eine Welle kam manchmal an meinen Mund und gab mir einen Kuß, und ich lachte und trank weiter und tat so, als gäbe es eine Nymphe, wie auf dem alten Bild zu Hause, die im Wasser lebte und mich küßte. Also neigte ich mich tief über das Wasser und berührte es sanft mit meinen Lippen und flüsterte der Nymphe zu, daß ich wiederkommen würde. Ich war mir so sicher, daß dies kein gewöhnliches Wasser wäre, ich war so froh, als ich aufstand und weiterging; und ich tanzte wieder und ging weiter und weiter das Tal hinauf, unter den überhängenden Hügeln. Und als ich oben ankam, stieg die Erde vor mir empor, hoch und steil wie eine Mauer, und es gab nichts außer der grünen Wand und dem Himmel. Ich dachte an »alle Tage bis an der Welt Ende«, und ich dachte, ich müßte wirklich das Ende der Welt gefunden haben, weil es wie das Ende von allem war, als könnte dahinter nichts mehr sein, außer dem Königreich Vur, wo das Licht hingeht, wenn es ausgelöscht wird, und das Wasser, wenn die Sonne es wegnimmt. Ich begann, an den ganzen langen, langen Weg zu denken, den ich gegangen war, wie ich einen Bach gefunden hatte und ihm gefolgt war und durch Büsche und Dornendickicht gegangen war und durch dunkle Wälder voll Dornenranken. Dann hatte ich mich den Tunnel unter Bäumen emporgezwängt, und war durch ein Dickicht hinaufgestiegen, und hatte all die grauen Steine gesehen und war in ihrer Mitte gesessen, als sie sich gedreht hatten, und dann war ich durch die grauen Steine hindurch weitergegangen und war den Hügel herabgekommen durch das Brennesseldickicht und das dunkle Tal wieder hinauf, ein langer, langer Weg. Ich fragte mich, wie ich wieder nach Hause kommen sollte, ob ich je den Weg finden würde, und ob mein Haus noch da war, oder ob es und alle darin in graue Felsen verwandelt waren wie in *Tausendundeiner Nacht*. So setzte ich mich nieder ins Gras und dachte nach, was ich als nächstes machen sollte. Ich war müde, und meine Füße brannten vom Gehen, und als ich mich umschaute, sah ich, daß gleich unter der hohen, steilen grasbewachsenen Wand ein wunderbarer Brunnen lag. Der ganze Boden um ihn her war mit glänzendgrünem, tropfendem Moos bewachsen; es gab da jede Art von Moos, Moos wie schöne kleine Farnkrautwedel und wie Palmen und Tannenbäume, und alles war grün wie Juwelen, und Wassertropfen hingen daran wie Diamanten. Und in der Mitte war der große Brunnen, tief und leuchtend und wunderschön, so klar, daß es aussah, als könnte ich den roten Sand auf dem Grund berühren, aber er war tief drunten. Ich stand daneben und schaute hinein, als schaute ich in einen Spiegel. Auf dem Grund des Brunnens, in der Mitte, regten und bewegten die roten Sandkörner sich beständig, und ich sah, wie das Wasser emporstieg, aber an der Oberfläche war der Brunnen ganz glatt und voll bis fast über den Rand. Es war ein großer Brunnen, groß wie ein Bad, und mit dem leuchtenden glitzernden Moos drumherum sah er aus wie ein großer Edelstein mit grünen Juwelen umher. Meine Füße waren so heiß und müde, daß ich Schuhe und Strümpfe auszog und meine Füße in das Wasser hinabließ, und das Wasser war weich und kalt, und als ich aufstand, war ich nicht mehr müde, und ich hatte das Gefühl, daß ich weitermußte, in immer weitere Ferne, und sehen, was auf der anderen Seite der Wand war. Ich stieg sehr langsam hinauf und bewegte mich immer seitlich vorwärts, und als ich oben angekommen war und hinüberschaute, war ich in dem merkwürdigsten Land, das ich je gesehen hatte, seltsamer noch als der Berg der grauen Felsen. Es sah aus, als hätten Kinder der Erde dort mit ihren Schaufeln gespielt, denn es bestand alles aus Hügeln und Höhlen, Burgen und Mauern aus Erde, mit Gras bewachsen. Zwei hohe Wölbungen waren wie große Bienenkörbe, rund und breit und ernst, und dann ausgehöhlte Mulden, und dann ein steiler ansteigender Wall wie die Mauern, die ich einmal an der Küste gesehen habe, wo die Kanonen und die Soldaten waren. Ich fiel fast in eine der runden Mulden, sie glitt so schnell unter meinen Füßen weg, und ich rannte rasch den Hang hinunter und blieb auf dem Grund stehen und schaute hinauf. Es war seltsam und feierlich, hinaufzuschauen. Es war nur der graue schwere Himmel da, und die Abhänge der Senke. Alles andere war verschwunden, und die Mulde war die ganze Welt, und ich dachte, sie müßte bei Nacht voller Geister und sich bewegender Schatten und blasser Wesen sein, wenn der Mond mitten in der Nacht auf ihren Grund schien und oben der Wind klagte. Es war so seltsam und feierlich und einsam, wie ein tiefer Tempel toter heidnischer Götter. Es erinnerte mich an eine Geschichte, die mir meine Kinderfrau erzählt hatte, als ich ganz klein war. Das war dieselbe, die mich in den Wald mitgenommen hatte, wo ich die wunderschönen weißen Gestalten sah. Und ich erinnerte mich, wie sie mir die Geschichte an einem Winterabend erzählt hatte, als der Wind die Bäume gegen die Hauswand klopfen ließ und im Kamin des Kinderzimmers heulte und seufzte. Sie sagte, es gäbe irgendwo eine tiefe Grube, genau wie die, in der ich gerade stand, wo jedermann Angst hatte, hineinzugehen oder auch nur in die Nähe, so ein arger Ort war es. Aber es war einmal ein armes Mädchen, die sagte, sie würde in die Grube gehen, und alle versuchten, sie abzuhalten, aber sie wollte es unbedingt. Und sie ging in die Grube und kam lachend zurück und sagte, dort sei gar nichts außer grünem Gras und roten Steinen und weißen Steinen und gelben Blumen. Und bald darauf sahen die Leute, daß sie die wunderschönsten Smaragdohrringe trug, und sie fragten, woher sie die hätte, weil sie und ihre Mutter ganz arm waren.

Aber sie lachte und sagte, ihre Ohrringe seien nicht aus Smaragd, sondern nur aus grünem Gras. Dann trug sie eines Tages auf ihrer Brust den rötesten Rubin, den je jemand gesehen hatte, und er war so groß wie ein Hühnerei und strahlte und funkelte wie eine rotglühende Kohle. Und sie fragten, woher sie den hätte, weil sie und ihre Mutter ganz arm waren. Aber sie lachte und sagte, das sei gar kein Rubin, nur ein roter Stein. Dann trug sie eines Tages um ihren Hals die schönste Kette, die je jemand gesehen hatte, viel schöner als die schönste der Königin, und sie war aus großen klaren Diamanten, Hunderten, und sie strahlten alle wie die Sterne in einer Juninacht. Also fragten sie, woher sie die hätte, weil sie und ihre Mutter ganz arm waren. Aber sie lachte und sagte, das seien gar keine Diamanten, nur weiße Steine. Und eines Tages ging sie an den Hof, und sie trug auf dem Kopf eine Krone aus reinem Engelsgold, sagte die Kinderfrau, und die glänzte wie die Sonne und war viel prächtiger als die Krone, die der König selber trug, und an den Ohren trug sie die Smaragde, und der große Rubin war die Brosche an ihrer Brust, und die große Diamanthalskette glitzerte um ihren Hals. Und der König und die Königin dachten, sie sei eine große Prinzessin aus einem fernen Land und standen von ihren Thronen auf und gingen ihr entgegen, aber jemand erzählte dem König und der Königin, wer sie war, und auch, daß sie ganz arm war. Also fragte der König, warum sie eine goldene Krone trug, und woher sie die hatte, weil sie und ihre Mutter ja so arm waren. Und sie lachte und sagte, das sei gar keine goldene Krone, das seien nur ein paar gelbe Blumen, die sie sich ins Haar gesteckt hatte. Und dem König erschien das sehr seltsam, und er sagte, sie solle am Hof bleiben, man würde sehen, was als nächstes geschähe. Und sie war so schön, daß alle sagten, ihre Augen seien grüner als die Smaragde, ihre Lippen röter als der Rubin, ihre Haut weißer glänzend als die Diamanten und ihr Haar strahlender als die goldene Krone. Also sagte der Königssohn, er wollte sie heiraten, und der König erlaubte es. Und der Bischof schloß die Ehe, und es gab ein großes Festessen, und nachher ging der Königssohn zum Zimmer seiner Frau. Aber gerade als er die Hand an den Türgriff legte, sah er einen großen schwarzen Mann mit einem furchtbaren Gesicht vor der Tür stehen, und eine Stimme sagte:

> Willst du dich hineinbegeben,
> Kostet dich mein Weib das Leben.

Da fiel der Königssohn ohnmächtig hin. Und sie kamen und versuchten, in das Zimmer zu gelangen, aber sie vermochten es nicht, und sie hackten mit Äxten gegen die Tür, aber das Holz war hart wie Eisen geworden, und am Ende rannten alle davon, so sehr fürchteten sie sich vor dem Geschrei und Gelächter und dem Kreischen und Heulen, das aus dem Zimmer kam. Aber am nächsten Tag gingen sie hinein und sahen, daß im Zimmer nichts war als dicker schwarzer Rauch, weil der schwarze Mann gekommen war und sie hinweggeholt hatte. Und auf dem Bett waren zwei Schlingen verblichenes Gras und ein roter Stein, und ein paar weiße Steine und ein paar welke gelbe Blumen. An diese Geschichte meiner Kinderfrau dachte ich, als ich auf dem Grund der tiefen Mulde stand. Es war so merkwürdig und einsam dort, und ich fürchtete mich. Steine oder Blumen konnte ich keine sehen, doch ich hatte Angst, sie mit fortzunehmen, ohne es zu wissen, und ich dachte mir, ich würde einen Spruch gebrauchen, der mir in den Sinn kam, um den schwarzen Mann fernzuhalten. So stellte ich mich in die Mitte der Erdhöhlung und prüfte, daß ich nichts von jenen Dingen an mir hatte, und dann ging ich im Kreis herum und berührte meine Augen, meine Lippen und mein Haar auf eine besondere Weise und flüsterte ein paar seltsame Worte, die mir die Frau beigebracht hatte, um böse Dinge fernzuhalten. Dann fühlte ich mich sicher und kletterte aus der Mulde heraus und ging weiter zwischen all den Hügeln und Gruben und Wällen hindurch, bis ich ans Ende kam, was hoch über all dem anderen lag, und ich konnte sehen, daß all die verschiedenen Erdformen in Mustern dalagen, ein wenig wie die grauen Steine, nur waren die Muster anders. Es wurde spät, und das Licht ließ nach, aber von da aus, wo ich stand, sah es wie zwei große Menschengestalten aus, die im Grase lagen. Und ich ging weiter, und endlich fand ich einen bestimmten Wald, der zu geheim ist, um ihn zu beschreiben, und niemand kennt den Weg hinein, den ich auf sehr seltsame Weise fand, indem ich ein kleines Tier dort in den Wald hineinrennen sah. So ging ich dem Tier auf einem sehr schmalen dunklen Pfad hinterher, unter Dornen und Sträuchern hindurch, und es war beinahe dunkel, als ich zu einer Art freien Stelle in der Mitte kam. Und da sah ich das Wundervollste, das ich je erblickt habe, aber es war nur einen Augenblick lang, weil ich gleich davonlief und auf demselben Weg wieder aus dem Wald hinauskroch, und ich lief und lief, so schnell ich nur konnte, weil ich Angst hatte, denn was ich gesehen hatte, war so wunderbar und so merkwürdig und schön. Aber ich wollte heim und darüber nachdenken, und ich wußte nicht, was geschehen könnte, wenn ich beim Wald blieb. Ich war am ganzen Körper heiß und zitterte, und mein Herz pochte, und seltsame Schreie, die ich nicht unterdrükken konnte, kamen aus mir heraus, als ich von dem Wald weglief. Ich war froh, daß ein großer weißer Mond hinter einem runden Hügel hervorkam und mir den Weg zeigte, also ging ich zurück durch die Grashügel und Höhlen und das enge Tal hinunter, und hinauf durch das Dickicht über dem Ort mit den grauen Steinen, und so kam ich endlich wieder nach Hause. Mein Vater war in seinem Arbeitszimmer beschäftigt, und die Dienerschaft hatte ihm nichts davon erzählt, daß ich nicht nach Hause gekommen war, obwohl sie sich ängstigten und nicht wußten, was sie tun sollten, also erzählte ich ihnen, ich hätte mich verlaufen, aber ich ließ sie nicht wissen, wohin ich gekommen war. Ich ging ins Bett und lag die ganze Nacht wach und dachte an das, was ich gesehen hatte. Als ich aus dem engen Pfad hervorkam und es ganz glänzend war, obwohl es dunkelte, schien es so gewiß, und den ganzen Weg nach Haus war ich ganz sicher, daß ich es gesehen hatte, und ich wollte allein in meinem Zimmer sein und die Augen zumachen und so tun, als wäre es da, und alle Sachen machen, die ich getan hätte, wenn ich mich nicht so gefürchtet hätte. Aber als ich die Augen schloß, wollte der Anblick nicht kommen, und ich fing an, noch einmal über alle meine Abenteuer nachzudenken, und ich erinnerte mich, wie dämmrig und seltsam es am Ende gewesen war, und ich hatte Angst, es würde alles ein Irrtum sein, weil es unmöglich schien, daß es geschehen konnte. Es schien wie eine von den Geschichten der Kinderfrau, an die ich nicht wirklich glaubte, wenn ich auch drunten in der Senke Angst hatte. Und die Geschichten, die sie mir erzählt hatte, als ich klein war, fielen mir wieder ein, und ich fragte mich, ob das wirklich da war, was ich gesehen hatte, und ob manche von ihren Geschichten sich wirklich begeben hatten, vor langer Zeit. Es war so merkwürdig. Ich lag wach in meinem Zimmer hinten im Haus, und der Mond schien auf der anderen Seite zum Fluß hin, so daß das helle Licht nicht auf die Wand fiel. Und das Haus war ganz still. Ich hatte gehört, wie mein Vater nach oben kam, und gleich danach schlug die Uhr zwölf, und danach war das Haus still und leer, als würde niemand leben darin. Und obwohl in meinem Zimmer alles dunkel und undeutlich war, schien ein blaß schimmerndes Licht durch die weiße Jalousie, und einmal stand ich auf und schaute hinaus, und da lag der große schwarze Schatten des Hauses und deckte den Garten zu, und es sah aus wie ein Gefängnis, wo Leute aufgehängt werden, und dahinter war alles weiß. Der Wald stand weiß mit schwarzen Abgründen zwischen den Bäumen. Es war still und klar, und es standen keine Wolken am Himmel. Ich wollte über das nachdenken, was ich gesehen hatte, aber ich konnte nicht, und ich fing an, über all die Geschichten nachzudenken, die die Kinderfrau mir vor so langer Zeit erzählt hatte und von denen ich gedacht hatte, ich hätte sie vergessen. Aber sie kamen alle wieder und vermengten sich mit den Dickichten und den grauen Felsen und den Mulden in der Erde und dem geheimen Wald, bis ich kaum mehr wußte, was neu und was alt und ob es nicht alles geträumt war. Und dann erinnerte ich mich an den heißen Sommernachmittag vor so langer Zeit, als die Frau mich alleine im Schatten liegen ließ und die weißen Gestalten aus dem Wasser kamen und aus dem Wald und spielten und tanzten und sangen, und es war mir, als hätte die Kinderfrau mir so etwas schon vorher erzählt, ehe ich dies sah, nur konnte ich mich nicht genauer erinnern, was sie mir gesagt hatte. Dann fragte ich mich, ob sie die weiße Dame gewesen war, weil ich noch wußte, daß sie genauso weiß und schön gewesen war und dieselben dunklen Augen hatte und das schwarze Haar. Und manchmal lächelte sie und sah aus, wie die Dame ausgesehen hatte – wenn sie mir eine von ihren Geschichten erzählte, die mit »Es war einmal« oder »Zu der Zeit der Elfen« begannen. Aber ich dachte, sie könnte nicht die Dame sein, weil sie einen anderen Weg in den Wald genommen hatte, wie mir schien, und ich glaubte nicht, der Mann, der uns nachkam, hätte der andere sein können, oder ich hätte nicht das wundervolle Geheimnis sehen können im geheimen Wald. Ich dachte an den Mond. Aber es war nachher, als ich mitten in der wilden Landschaft war, wo die Erde zu großen Gestalten geformt war und überall Wälle und geheimnisvolle Mulden und glatte runde Hügel waren, daß ich den großen weißen Mond über das Hügelrund heraufkommen sah. Ich dachte über all diese Dinge nach, bis ich Angst bekam, weil mir vielleicht etwas geschehen war, und mir fiel die Geschichte von dem armen Mädchen ein, das in die Grube hinunterging und vom schwarzen Mann geholt wurde. Ich wußte, ich war auch in eine solche Grube hinuntergegangen, und vielleicht war es dieselbe, und ich hatte etwas Entsetzliches getan. Also sagte ich den Spruch noch einmal und berührte meine Augen und meine Lippen und mein Haar auf eine besondere Weise, und sagte die alten Wörter aus der Elfensprache, damit ich sicher sein konnte, nicht geholt zu werden. Ich versuchte wieder, den geheimen Wald zu sehen und den Pfad entlangzuschleichen und zu sehen, was ich dort gesehen hatte, aber irgendwie ging es nicht, und ich dachte immer an die Geschichten der Kinderfrau. Eine fiel mir ein, da war einmal ein junger Mann, der auf die Jagd ging, und den ganzen Tag jagten er und seine Hunde überall und überquerten die Flüsse und gingen in alle Wälder und durchkreuzten das Marschland, aber sie konnten gar nichts finden, und sie jagten den ganzen Tag, bis die Sonne unterging und hinter dem Berg versinken wollte. Der junge Mann war zornig, weil er nichts finden konnte, und er wollte umkehren, doch gerade als die Sonne den Berg berührte, sah er aus einem Gestrüpp vor ihm einen wunderschönen weißen Hirsch hervorbrechen. Und er trieb seine Hunde an, aber sie winselten und wollten nicht folgen, und er trieb sein Pferd an, aber es erzitterte und stand starr da, und der junge Mann sprang von seinem Pferd und ließ die Hunde zurück und begann, ganz allein dem weißen Hirsch zu folgen. Und bald war es ganz dunkel, und der Himmel war schwarz ohne einen einzigen Stern, und der Hirsch lief hinweg in die Dunkelheit. Und obwohl der Mann sein Gewehr mitgenommen hatte, schoß er nicht auf den Hirsch, weil er ihn lebend fangen wollte, und er befürchtete schon, ihn in der Nacht aus den Augen zu verlieren. Aber er verlor ihn nicht ein einziges Mal, obwohl der Himmel so dunkel war und die Nacht so schwarz, und der Hirsch lief weiter und weiter, bis der junge Mann gar nicht mehr wußte, wo er war. Und sie kamen durch riesige Wälder, wo die Luft voller Geflüster war und ein bleiches, totes Licht den verfaulten Baumstämmen entströmte, die auf dem Boden lagen, und wenn der Mann glaubte, er hätte den Hirsch verloren, dann sah er ihn wieder weiß vor sich leuchten und lief schnell, um ihn zu fangen, aber der Hirsch rannte stets schneller, so daß er ihn nicht einholte. Und sie liefen durch die riesigen Wälder und sie schwammen durch Flüsse und sie wateten durch schwarzes Marschland, wo der Moorboden Blasen warf und die Luft voller Irrlichter war. Der Hirsch floh weiter in ein enges Felsental, wo die Luft wie in einer Gruft war, und der Mann kam hinterher. Und sie überquerten die großen Berge, und der Mann hörte den Wind vom Himmel herabkommen, und der Hirsch lief weiter und der Mann hinterher. Endlich ging die Sonne auf, und der junge Mann sah, daß er in einer Landschaft war, die er nie zuvor gesehen hatte. Es war ein wunderschönes Tal, durch das ein heller Fluß zog und in dessen Mitte ein großer runder Hügel stand. Und der Hirsch lief das Tal hinunter, auf den Hügel zu, und er schien langsam müde zu werden und lief langsamer und langsamer, und obwohl auch der Mann müde war, fing er an, schneller zu rennen, und er war sich gewiß, daß er endlich den Hirsch fangen würde. Aber eben als sie am Fuße des Hügels ankamen, und als der Mann seine Hand ausstreckte, um den Hirsch zu fangen, verschwand der in der Erde, und der Mann fing an zu weinen. Seine Verzweiflung war so groß, daß er ihn nach all dieser langen Jagd verloren hatte. Doch während er weinte, sah er, daß in dem Hügel eine Tür war, gerade vor ihm, und er ging hinein, und es war ganz dunkel, aber er ging weiter, weil er dachte, er würde den weißen Hirsch finden. Und plötzlich wurde es ganz hell, und da war der Himmel, und die Sonne schien, und Vögel sangen in den Bäumen, und da war ein herrlicher Springbrunnen. Und am Springbrunnen saß eine schöne Dame, das war die Königin der Elfen, und sie sagte dem Mann, sie hätte sich in einen Hirsch verwandelt, um ihn hierherzubringen, weil sie ihn so sehr liebte. Dann holte sie einen großen goldenen Becher, besetzt mit Edelsteinen, aus ihrem Elfenpalast, und sie bot ihm Wein in dem Becher zum Trunk. Und er trank, und je mehr er trank, desto mehr sehnte er sich nach dem Trunke, weil der Wein verzaubert war. So küßte er die schöne Dame, und sie wurde seine Frau, und er blieb den ganzen Tag und die ganze Nacht in dem Hügel, wo sie wohnte, und als er erwachte, sah er, daß er auf dem Boden lag, nahe der Stelle, wo er zuerst den Hirsch gesehen hatte, und sein Pferd war da, und seine Hunde warteten, und er schaute auf, und die Sonne versank hinter dem Berg. Und er ging nach Hause und lebte noch eine lange Zeit, aber er wollte nie wieder eine andere Dame küssen, weil er die Königin der Elfen geküßt hatte, und er wollte nie mehr gewöhnlichen Wein trinken, weil er verzauberten

Wein getrunken hatte. Und manchmal erzählte mir die Kinderfrau Geschichten, die sie von ihrer Urgroßmutter gehört hatte, die sehr alt war und ganz allein in einem kleinen Haus auf dem Berg wohnte. Die meisten von diesen Geschichten gingen von einem Hügel, wo sich vor langer Zeit nachts Leute getroffen hatten, und diese spielten alle möglichen seltsamen Spiele und machten merkwürdige Sachen, von denen mir die Kinderfrau erzählte, aber ich konnte es nicht begreifen. Und jetzt, sagte sie, hatten alle das vergessen außer ihrer Urgroßmutter, und niemand wußte, wo der Hügel war, nicht einmal ihre Urgroßmutter. Aber eine ganz seltsame Geschichte erzählte sie mir von dem Hügel, und ich zitterte, als ich mich wieder daran erinnerte. Sie sagte, die Leute gingen immer im Sommer dorthin, wenn es ganz heiß war, und sie mußten viel tanzen. Zuerst war es dann ganz dunkel, und es waren Bäume dort, so daß es noch viel dunkler war, und die Leute kamen, einer nach dem anderen, aus allen Richtungen, auf einem geheimen Weg, den sonst niemand kannte, und zwei standen am Tor, und jeder, der kam, mußte ein ganz eigenartiges Zeichen geben, das mir die Kinderfrau zeigte, so gut sie konnte, aber sie sagte, richtig zeigen könnte sie es mir nicht. Und alle möglichen Leute kamen da, vom Adel und aus dem Dorf, und alte Leute und Jungen und Mädchen und ganz kleine Kinder, die dabeisaßen und zuschauten. Und es war ganz dunkel, wenn sie hereinkamen, außer in einer Ecke, wo einer etwas verbrannte, was stark und süß roch und sie lachen machte, und da sah man die Kohlenglut und wie der Rauch rot aufstieg. So kamen alle herein, und als der letzte gekommen war, gab es keine Tür mehr, so konnte keiner mehr herein, selbst wenn er gewußt hätte, daß jenseits etwas war. Und einmal hatte ein vornehmer Herr, der fremd war und einen langen Weg geritten kam, nachts den Pfad verloren, und sein Pferd brachte ihn mitten in ein wildes Land, wo alles verkehrt war und wo überall furchtbare Sümpfe und große Steine waren und Löcher im Boden, und die Bäume sahen aus wie Galgen, denn sie hatten große schwarze Arme, die sie über den Weg reckten. Und dieser fremde Herr hatte große Angst, und sein Pferd begann am ganzen Leibe zu beben, und endlich hielt es an und wollte nicht mehr weitergehen, und der Herr stieg ab und wollte das Pferd weiterführen, aber es regte sich nicht und war ganz schweißbedeckt, wie tot. So ging er ganz allein weiter, tiefer und tiefer in das wilde Land hinein, bis er endlich an einen dunklen Ort kam, wo er Schreien und Singen und Rufen hörte, wie er es noch nie zuvor gehört hatte. Es klang alles ganz nahe, aber er konnte nicht hineingelangen, und so begann er zu rufen, und während er noch rief, kam etwas von hinten, und im Augenblick waren ihm Mund und Arme und Beine gebunden, und er wurde ohnmächtig. Als er zu sich kam, lag er am Wegesrand, gerade da, wo er zuerst seinen Weg verloren hatte, unter einer vom Blitz zerschmetterten Eiche mit schwarzem Stamm, und sein Pferd war neben ihm angebunden. So ritt er weiter in die Stadt und erzählte den Leuten, was geschehen war, und manche waren erstaunt. Doch andere wußten es. Wenn also alle gekommen waren, gab es überhaupt keine Tür mehr, durch die jemand anderes hätte gehen können. Und wenn alle drinnen waren, in einem Kreis, wo sie sich berührten, begann einer im Dunkel zu singen, und jemand anderes machte einen Lärm wie Donner mit einem Ding, das sie für diesen Zweck hatten, und in stillen Nächten konnten die Leute das Donnergeräusch weit, weit weg jenseits des wilden Landes hören, und manche von ihnen, die glaubten, sie wüßten, was das war, machten ein Zeichen auf ihre Brust, wenn sie in tiefer Nacht in ihren Betten erwachten und das schreckliche Geräusch hörten, wie Donner über den Bergen. Der Lärm und das Singen dauerten eine lange Zeit an, und die Leute im Kreis schwankten ein wenig hin und her, und das Lied war in einer alten, alten Sprache, die heute niemand mehr kennt, und die Melodie war ganz seltsam. Die Kinderfrau sagte, ihre Urgroßmutter hätte, als sie ein ganz kleines Mädchen war, jemanden gekannt, der sich noch an ein wenig davon erinnerte, und die Kinderfrau versuchte, mir etwas davon vorzusingen, und es war eine so merkwürdige Melodie, daß mir ganz kalt wurde und daß es mich überlief, als hätte ich etwas Totes mit meiner Hand angefaßt. Manchmal war es ein Mann, der sang, und manchmal eine Frau, und manchmal konnte es der Singende so gut, daß zwei oder drei von denen, die da waren, zu Boden fielen und kreischten und mit den Händen krampften. Der Gesang ging weiter, und die Leute im Kreis schwankten eine lange Zeit hin und her, und endlich ging der Mond über einer Stelle auf, die sie den Tole Deol nannten, und er stieg empor und zeigte sie, wie sie von einer Seite auf die andere schwangen und wankten, wie der süße dicke Rauch sich von den brennenden Kohlen emporkräuselte und sie in Kreisen umschwebte. Dann aßen sie. Ein Junge und ein Mädchen brachten das Mahl; der Junge trug einen großen Becher Wein, und das Mädchen trug einen Laib Brot, und sie gaben Brot und Wein in die Runde, aber sie schmeckten ganz anders als gewöhnliches Brot und gewöhnlicher Wein und verwandelten alle, die von ihnen kosteten. Dann standen alle auf und tanzten, und geheime Dinge wurden aus einem Versteck hervorgebracht, und sie spielten ganz unerhörte Spiele und tanzten rundherum und rundherum im Mondlicht, und manchmal verschwanden Leute plötzlich und man hörte danach niemals wieder etwas von ihnen, und niemand wußte, was mit ihnen geschehen war. Und sie tranken noch mehr von dem seltsamen Wein, und sie machten Bilder und beteten sie an, und die Kinderfrau zeigte mir einmal, als wir spazieren waren, wie die Bilder gemacht wurden, als wir an einer Stelle vorbeikamen, wo es eine Menge feuchte Tonerde gab. Da fragte sie, ob ich gerne wissen wollte, wie die Dinge waren, die sie sich auf dem Hügel gemacht hatten, und ich sagte ja. Dann fragte sie mich, ob ich versprechen würde, nie einer Menschenseele ein Wort davon zu erzählen, und wenn ich es doch täte, würde ich in die schwarze Grube geworfen mit den toten Leuten, und ich sagte, ich würde es niemandem sagen, und sie sagte immer wieder dasselbe, und ich versprach es. Sie nahm meine Holzschaufel und grub einen großen Klumpen Ton aus dem Boden und tat ihn in meinen Blecheimer, und sie sagte mir, wenn uns jemand begegnete, sollte ich sagen, ich wollte daheim Kuchen machen. Dann gingen wir ein Stück weiter, bis wir zu einem Gebüsch kamen, das bis an den Weg hinunterwuchs, und die Kinderfrau hielt an und schaute den Weg auf und ab, und spähte dann durch die Hecke auf das Feld dahinter, und dann sagte sie: »Schnell!« Und wir liefen in das Gebüsch und krochen durch die Büsche hin und her, bis wir ein gutes Stück vom Weg fort waren. Dann setzten wir uns unter einen Strauch, und ich wollte so sehr gerne wissen, was sie jetzt mit dem Ton machen würde, aber ehe sie bereit war, anzufangen, ließ sie mich noch einmal versprechen, daß ich kein Wort darüber sagen würde, und sie schaute noch einmal vorsichtig nach allen Seiten aus dem Gebüsch heraus, obwohl der Feldweg so schmal und hoch umwuchert war, daß kaum einmal jemand vorbeikam. So setzten wir uns hin, und meine Kinderfrau nahm den Ton aus dem Eimer und fing an, ihn mit den Händen zu kneten und seltsame Sachen damit zu machen und ihn hin und her zu wenden. Und sie verbarg ihn eine Minute oder zwei unter einem großen Ampferblatt, und dann holte sie ihn wieder hervor, und dann stand sie auf und setzte sich nieder, und dann ging sie auf eine seltsame Art um den Ton herum, und die ganze Zeit sang sie leise etwas wie einen Reim, und ihr Gesicht wurde ganz rot. Dann setzte sie sich wieder hin und nahm den Ton in die Hände und fing an, ihn zu einer Puppe zu formen, aber nicht wie die Puppen, die ich zu Hause habe, und sie machte die seltsamste Puppe, die ich je gesehen habe, ganz aus feuchtem Ton, und sie versteckte sie unter einem Busch, daß sie trocken und hart würde, und die ganze Zeit, während sie die Puppe machte, sang sie diese Reime vor sich hin, und ihr Gesicht wurde rot und röter. So ließen wir die Puppe da, in den Büschen versteckt, wo sie niemand finden würde. Und ein paar Tage später machten wir denselben Spaziergang, und als wir zu dem schmalen dunklen Teil des Weges kamen, wo das Dickicht über die Böschung herabwächst, nahm mir die Kinderfrau noch einmal das Versprechen ab und sah sich um wie zuvor, und wir krochen in das Gebüsch, bis wir zu der grünen Stelle kamen, wo der kleine Mann aus Ton versteckt war. Ich erinnere mich so gut an alles, obwohl ich erst acht war, und jetzt ist es acht Jahre her, da ich dies niederschreibe, aber der Himmel war von einem tiefen Blauviolett, und in der Mitte des Gebüschs, wo wir saßen, war ein großer Holunderstrauch mit lauter Blüten, und auf der anderen Seite stand ganz viel Mädesüß, und wenn ich an diesen Tag denke, scheint der Geruch von Mädesüß und Holunderblüten das Zimmer zu erfüllen, und wenn ich die Augen zumache, kann ich den gleißenden Himmel sehen, über den kleine, ganz weiße Wolken schweben, und meine Kinderfrau, die schon vor langer Zeit fortgegangen ist, sitzt gegenüber und sieht aus wie die wunderschöne weiße Dame im Wald. Also wir setzten uns hin, und sie nahm die Tonpuppe aus dem geheimen Versteck, und sie sagte, wir müßten nun »höflich sein«, und sie würde mir zeigen, was zu tun war, und ich müßte immer gut aufpassen, was sie machte. So machte sie alle möglichen seltsamen Sachen mit dem kleinen Tonmann, und ich sah, daß sie ganz schweißüberströmt war, obwohl wir ganz langsam gegangen waren, und dann sagte sie, ich sollte jetzt auch »höflich sein«, und ich machte alles, was sie machte, weil ich sie mochte, und weil es so ein seltsames Spiel war. Und sie sagte, wenn man eine große Liebe hatte, dann war der Tonmann sehr gut, wenn man bestimmte Dinge damit machte, und wenn man einen großen Haß hatte, war er ebenso gut, nur mußte man dann andere Dinge tun, und wir spielten lange Zeit damit und stellten uns die verschiedensten Sachen vor. Sie sagte, ihre Urgroßmutter hätte ihr alles von diesen Bildern erzählt, aber was wir jetzt machten, sei nichts Böses, nur ein Spiel. Doch erzählte sie mir eine Geschichte von diesen Bildern, die mich sehr ängstigte, und das war es, was mir in dieser Nacht einfiel, als ich allein in meinem Zimmer in der bleichen, leeren Dunkelheit lag und über das nachdachte, was ich gesehen hatte, und den geheimen Wald. Die

Kinderfrau sagte: es war einmal eine junge Dame von hohem Stand, die lebte in einem großen Schloß. Und sie war so schön, daß alle die Herren sie heiraten wollten, weil sie die liebreizendste Dame war, die man je gesehen hatte, und sie war freundlich zu allen, und alle dachten, sie sei brav und gut. Aber obwohl sie höflich zu den Herren war, die sie heiraten wollten, wies sie alle ab und sagte, sie könnte sich nicht entscheiden, und vielleicht wollte sie gar niemanden heiraten. Und ihr Vater, der ein sehr großer Herr war, wurde zornig, obwohl er sie sehr liebhatte, und fragte sie, weshalb sie sich keinen Junggesellen aus all den hübschen jungen Männern auswählte, die auf das Schloß kamen. Aber sie sagte nur, daß sie keinen davon besonders liebte, und sie müßte warten, und wenn man sie bedrängte, dann sagte sie, sie würde Nonne werden und ins Kloster gehen. Also sagten all die Herren, sie würden fortgehen und ein Jahr und einen Tag lang warten, und wenn ein Jahr und ein Tag vorüber wären, würden sie wiederkommen und sie bitten, zu sagen, wen sie heiraten würde. Also wurde der Tag festgesetzt, und sie ritten alle davon. Und die Dame hatte versprochen, daß sie in einem Jahr und einem Tag mit einem von ihnen Hochzeit halten würde. Aber die Wahrheit war, daß sie die Königin war von den Leuten, die in den Sommernächten auf dem Hügel tanzten, und in den richtigen Nächten verschloß sie die Tür ihres Zimmers, und sie und ihre Zofe stahlen sich durch einen geheimen Gang, den nur sie kannten, aus dem Schloß, und gingen fort auf den Hügel im wilden Land. Und sie wußte mehr von den geheimen Dingen als sonst irgendeiner, mehr als irgendeiner vorher oder danach, weil sie niemandem die geheimsten Geheimnisse sagte. Sie wußte, wie man all die schlimmen Dinge tut, wie man junge Männer umbringt und Leuten einen Fluch auferlegt und andere Sachen, die ich nicht verstand. Und ihr richtiger Name war Lady Avelin, aber die Tanzenden nannten sie Cassap, das heißt in der alten Sprache: jemand, der sehr weise ist. Und sie war weißhäutiger als alle anderen und größer, und ihre Augen glänzten im Dunkel wie brennende

Rubine, und sie konnte Lieder singen, die kein anderer konnte, und wenn sie sang, fielen alle aufs Angesicht und verehrten sie. Und sie konnte das machen, was sie die Shib-Kunst hießen, was ein sehr wunderbarer Zauber war. Sie sagte ihrem Vater, dem großen Herrn, sie wollte in den Wald gehen und Blumen pflücken, also ließ er sie gehen, und sie und ihre Zofe gingen in den Wald an einen Ort, wohin niemand kam, und die Zofe stand Wache. Dann legte sich die Dame unter den Bäumen nieder und fing an, ein bestimmtes Lied zu singen, und sie streckte die Arme aus, und aus jedem Teil des Waldes kamen große Schlangen, die zischten und glitten zwischen den Bäumen hin und her und ließen ihre gespaltenen Zungen sehen, wie sie zu der Dame hinkrochen. Und sie kamen alle zu ihr und schlangen sich um sie, um ihren Leib und die Arme und den Hals, bis sie bedeckt war mit sich windenden Schlangen und man nur noch ihren Kopf sah. Und sie flüsterte ihnen etwas zu und sang für sie, und sie wanden sich rascher und rascher um sie her, bis sie ihnen sagte, sie sollten gehen. Und gleich krochen alle weg, in ihre Löcher zurück, und auf der Brust der Dame lag ein sehr seltsamer, schöner Stein, etwa wie ein Ei geformt und dunkelblau gefärbt und gelb und rot und grün, wie Schlangenschuppen. Der hieß Glamstein, und damit konnte man alle möglichen wunderbaren Dinge tun, und die Kinderfrau sagte, ihre Urgroßmutter hätte einen Glamstein mit eigenen Augen gesehen, und er wäre tatsächlich glänzend und schuppig wie eine Schlange. Und die Dame vermochte noch viele andere Dinge, aber sie war ganz fest entschlossen, nicht zu heiraten. Und es gab eine große Zahl von Herren, die sie heiraten wollten, aber fünf waren es vor allen anderen, und ihre Namen waren Sir Simon, Sir John, Sir Oliver, Sir Richard und Sir Rowland. All die anderen glaubten, sie spräche die Wahrheit und würde nach einem Jahr und einem Tag einen von ihnen zum Manne wählen. Nur Sir Simon, der sehr listig war, dachte, sie täusche sie alle, und er schwor, er würde sie beobachten und sehen, ob er irgend etwas herausfinden könnte. Und obwohl er sehr klug war, war er sehr jung und hatte ein weiches, glattes Gesicht wie ein Mädchen, und er gab vor, wie die anderen ein Jahr und einen Tag lang nicht mehr auf das Schloß kommen zu wollen, und sagte, er ginge übers Meer in ferne Länder. Aber er ging nur eine kleine Strecke weg und kam zurück, wie eine Dienstmagd gekleidet, und so bekam er eine Stellung im Schloß, das Geschirr zu spülen. Und er wartete und stellte seine Beobachtungen an und lauschte und sagte nichts, und er versteckte sich an dunklen Orten und wachte nachts auf und schaute hinaus, und er hörte Dinge und sah Dinge, von denen er dachte, sie seien sehr seltsam. Und er war so schlau, daß er dem Mädchen, das der Dame aufwartete, erzählte, er wäre in Wirklichkeit ein junger Mann und hätte sich als Mädchen verkleidet, weil er sie so sehr liebte und in demselben Haus sein wollte wie sie, und dem Mädchen gefiel das so gut, daß sie ihm vieles erzählte, und er war sich sicherer denn je, daß Lady Avelin ihn und die anderen täuschte. Und er war so klug und erzählte der Dienerin so viele Lügen, daß es ihm eines Nachts gelang, sich im Zimmer der Lady Avelin hinter den Vorhängen zu verstecken. Und er stand ganz still da und regte sich nicht, und endlich kam die Dame. Und sie beugte sich unter das Bett und hob einen Stein auf, und darunter war eine Höhlung, und daraus holte sie ein wächsernes Bild hervor, ganz wie das aus Ton, das die Kinderfrau und ich im Gebüsch gemacht hatten. Und die ganze Zeit brannten ihre Augen wie Rubine. Und sie nahm die kleine Wachspuppe in die Arme und hielt sie an die Brust, und sie flüsterte und murmelte und nahm sie hoch und legte sie wieder nieder und hielt sie empor und hielt sie hinunter, und sie legte sie wieder hin. Und sie sagte: »Glücklich der, der den Bischof zeugte, der dem Priester befahl, der den Mann traute, der die Frau nahm, die den Korb flocht, der die Biene barg, die das Wachs machte, aus dem mein Geliebter ist.« Und sie holte aus einem Schränklein eine große goldene Schale und aus einem Wandschrank einen großen Krug Wein, und sie goß etwas von dem Wein in die Schale, und sie legte die Puppe vorsichtig in den Wein und wusch sie damit am ganzen Leibe. Dann ging sie zu einem anderen Schrank und holte ein kleines rundes Küchlein und legte es auf den Mund des Bildes, und dann nahm sie es sachte hoch und deckte es zu. Und Sir Simon, der die ganze Zeit zusah, ob er auch schreckliche Angst hatte, sah, wie sich die Dame hinabbeugte und die Arme ausstreckte und flüsterte und sang, und dann sah Sir Simon einen schönen jungen Mann neben ihr stehen, der ihre Lippen küßte. Und sie tranken zusammen Wein aus der goldenen Schale und aßen das Küchlein zusammen. Als aber die Sonne aufging, war nur die kleine Wachspuppe da, und die Dame versteckte sie unter dem Bett in der Höhlung. Also wußte Sir Simon recht wohl, was die Dame war, und er wartete und beobachtete sie, bis die Zeit, die sie festgesetzt hatte, fast vorüber war, und in einer Woche würden Jahr und Tag vergangen sein. Und eines Nachts, als er hinter dem Vorhang in ihrem Zimmer wachte, sah er, wie sie noch mehr Wachspüppchen machte. Und sie machte fünf davon und verbarg sie. Und in der nächsten Nacht holte sie eine heraus und hielt sie hoch und füllte die goldene Schale mit Wasser und nahm das Püppchen am Hals und hielt es unter das Wasser. Dann sagte sie:

Sir Richard, dein Leben hat seinen Beschluß,
Du sollst ertrinken im tiefen Fluß.

Und am nächsten Tag kam die Nachricht ins Schloß, daß Sir Richard beim Überqueren des Flusses an der Furt ertrunken war. In der Nacht nahm sie wieder eine Puppe und band ihr ein violettes Schnürchen um den Hals und hängte sie an einen Nagel. Dann sagte sie:

Sir Rowland, weil du mich geliebet hast,
Magst du nun baumeln an einem Ast.

Und am nächsten Tag kam die Nachricht ins Schloß, daß Räuber im Walde Sir Rowland aufgehängt hatten. In der

Nacht nahm sie wieder eine Puppe und trieb ihr ihren Dolch geradewegs ins Herz. Dann sagte sie:

> Sir Oliver, du liebtest mich,
> So stirb an diesem Messerstich.

Und am nächsten Tag kam die Nachricht ins Schloß, daß Sir Oliver in einer Wirtschaft in Streit geraten war, und daß ein Fremder ihn erstochen und ins Herz getroffen hatte. In der Nacht nahm sie wieder eine Puppe und hielt sie über ein Holzkohlenfeuer, bis sie geschmolzen war. Dann sagte sie:

> Sir John, Sir John, hast mich begehrt,
> Dafür dich jetzt das Fieber verzehrt.

Und am nächsten Tag kam die Nachricht ins Schloß, daß Sir John an einem hitzigen Fieber gestorben war. Da ging Sir Simon aus dem Schloß hinaus und bestieg sein Pferd und ritt zum Bischof und erzählte ihm alles. Und der Bischof sandte seine Leute aus, und sie ergriffen Lady Avelin. Und alles, was sie getan hatte, kam ans Licht. Und an dem Tage nach dem Jahr und dem Tag, da sie hätte heiraten sollen, führte man sie im Hemd durch die Stadt und band sie an einen großen Pfahl auf dem Marktplatz und verbrannte sie vor dem Bischof bei lebendigem Leibe, und ihre Wachspuppe hing ihr um den Hals. Und die Leute sagten, der Mann aus Wachs hätte in den brennenden Flammen geschrien. Und ich dachte wieder und wieder an diese Geschichte, als ich wach im Bett lag, und es schien mir, als sähe ich Lady Avelin auf dem Markt vor mir, wie die gelben Flammen ihren schönen weißen Leib auffraßen. Ich dachte so sehr daran, daß ich in die Geschichte selbst hineinzugeraten schien, und ich dachte, ich wäre die Dame, und sie kämen, um mich zum Scheiterhaufen zu holen, und alle Leute in der Stadt würden mich ansehen. Und ich fragte mich, ob es ihr wohl etwas ausmachte, nach all den seltsamen Dingen, die sie getan hatte, und ob es wohl sehr wehe tat, verbrannt zu werden. Ich versuchte immer wieder, die Geschichten von der Kinderfrau zu vergessen und mich an das Geheimnis zu erinnern, das ich an jenem Nachmittag gesehen hatte, und an das, was in dem geheimen Wald war, aber ich konnte nur die Dunkelheit sehen und ein Schimmern in der Dunkelheit, und dann ging es weg, und ich sah nur mich selbst, wie ich rannte, und dann kam ein großer Mond weiß über einem dunklen runden Hügel herauf. Dann kamen all die alten Geschichten wieder, und die seltsamen Reime, die mir die Kinderfrau immer vorsang, und einer, der fing an »Halsy cumsy Helen musty«, den sang sie immer ganz leise, wenn sie wollte, daß ich einschlief. Und ich fing ihn in meinem Kopf zu singen an und schlief ein.

Am nächsten Morgen war ich ganz müde und schläfrig und konnte kaum achtgeben beim Unterricht, und ich war sehr froh, als der vorbei war und ich mein Mittagessen bekommen hatte, weil ich weggehen und alleinsein wollte. Es war ein warmer Tag, und ich ging zu einem hübschen kleinen Grashügel am Fluß, dort setzte ich mich auf das alte Umschlagtuch meiner Mutter, das ich eigens mitgebracht hatte. Der Himmel war grau, wie am Tag zuvor, aber es lag eine Art weißer Glanz dahinter, und von da aus, wo ich saß, konnte ich auf die Stadt hinuntersehen, und es war alles still und ruhig und weiß, wie ein Bild. Ich dachte daran, daß mich auf diesem Hügel meine Kinderfrau ein altes Spiel gelehrt hatte, das Trojaspiel, wie sie es nannte, bei dem man tanzen mußte und sich aus einem Muster im Gras herauswinden mußte und wieder hinein, und dann, wenn man lang genug getanzt und sich gedreht und gewendet hatte, stellt der andere Fragen, und man kann nicht anders, als zu antworten, ob man will oder nicht, und was immer einem auch befohlen wird, man glaubt, man muß es machen. Die Kinderfrau sagte, es hätte früher eine Menge solcher Spiele gegeben, manche Leute hätten sie gekannt, und eines gab es, bei dem man die Leute verwandeln konnte, in was man wollte, und ein alter Mann, den ihre Urgroßmutter gesehen hatte, der hatte ein Mädchen gekannt, die in eine große Schlange verwandelt worden war. Und es gab noch ein sehr altes Spiel mit Tanzen und Drehen und Wenden, mit dem man einen Menschen aus sich selbst herausnehmen und ihn verstecken konnte, solange man wollte, und sein Körper ging leer herum, ganz ohne Verstand. Aber ich ging zu diesem Hügel, weil ich nachdenken wollte über das, was am Vortag geschehen war, und über das Geheimnis des Waldes. Von dem Ort, an dem ich saß, konnte ich über die Stadt hinweg in die Öffnung sehen, die ich gefunden hatte, wo mich der kleine Bach in unbekanntes Land geführt hatte. Und ich tat, als würde ich wieder dem Bach nachgehen, und ging in meinem Sinn den ganzen Weg, und endlich fand ich den Wald und kroch unter dem Gebüsch hindurch, und dann sah ich in der Abenddämmerung etwas, daß ich mich fühlte wie mit Feuer angefüllt, als wollte ich tanzen und singen und in die Luft emporfliegen, weil ich verwandelt und wunderbar war. Aber was ich sah, war gar nicht verändert und war nicht alt geworden, und ich fragte mich wieder und wieder, wie solche Dinge sein konnten, und ob die Kinderfraugeschichten wirklich wahr waren, weil bei Tag im Freien alles ganz anders schien als in der Nacht, als ich Angst hatte und dachte, ich würde lebendig verbrannt werden. Ich hatte einmal meinem Vater eine von ihren kleinen Geschichten erzählt, von einem Gespenst, und ihn gefragt, ob das wahr sei, und er sagte mir, das sei überhaupt nicht wahr, und nur ganz gewöhnliche, unwissende Leute würden so einen Unsinn glauben. Er war sehr zornig mit der Kinderfrau, daß sie mir das erzählt hatte, und schalt sie aus, und danach versprach ich ihr, ich würde nie ein Wörtchen von dem weitersagen, was sie mir erzählte, und wenn ich es doch täte, dann würde mich die große schwarze Schlange beißen, die in dem Teich im Wald wohnte. Und ganz allein auf dem Hügel fragte ich mich, was wahr war. Ich hatte etwas sehr Erstaunliches und sehr Schönes gesehen, und ich kannte eine Geschichte, und wenn ich es wirklich gesehen hatte und nicht nur mir zusammengereimt hatte aus der Dunkelheit und dem schwarzen Ast und dem hellen Glanz, der über dem großen runden Hügel in den Himmel stieg, sondern es in Wahrheit gesehen hatte, dann gab es alle möglichen wunderbaren und schönen und schrecklichen Dinge, an die zu denken war, so daß ich mich sehnte und zitterte und brannte und mir kalt wurde. Und ich schaute auf die Stadt hinunter, so ruhig und still, wie ein kleines weißes Bild, und ich dachte immer wieder, ob es wohl wahr sein könnte. Es dauerte lange, bis ich mir über irgend etwas klar werden konnte. Es war ein so seltsames Beben in meinem Herzen, das mir die ganze Zeit zuflüsterte, daß ich es nicht selbst in meinem Kopf erfunden hatte, und doch schien es ganz unmöglich, und ich wußte, mein Vater und alle anderen würden sagen, es wäre entsetzlicher Blödsinn. Ich dachte nicht im Traum daran, ihm oder irgend jemand anderem auch nur ein Wort davon zu erzählen, weil ich wußte, es würde nichts nützen und man würde mich nur auslachen oder schelten. Also war ich lange Zeit ganz still und ging nachdenklich umher. Nachts träumte ich immer von erstaunlichen Sachen, und manchmal wachte ich frühmorgens auf und breitete mit einem Aufschrei die Arme aus. Und ich hatte auch Angst, weil es Gefahren gab, und es würde mir etwas Furchtbares geschehen, falls ich nicht sehr achtgab, wenn die Geschichte wahr war. Die alten Geschichten waren immer in meinem Kopf, morgens und abends, und ich ging sie durch und erzählte sie mir immer wieder selber und ging zu den Orten hin, wo die Kinderfrau sie mir erzählt hatte. Und wenn ich abends im Kinderzimmer am Feuer saß, bildete ich mir immer ein, daß sie im Sessel gegenüber saß und mir mit leiser Stimme eine wunderbare Geschichte erzählte, damit uns niemand belauschen konnte. Aber am liebsten erzählte sie mir etwas, wenn wir draußen auf dem Land waren, fern vom Haus, weil sie mir sagte, sie würde mir solche Geheimnisse erzählen, und die Wände hätten Ohren. Und wenn es etwas ganz besonders Geheimes war, dann mußten wir uns in Gebüschen oder Wäldern verstecken. Ich dachte immer, wie toll das war, sich an einer Hecke entlangzuschleichen und ganz leise zu gehen, und dann sprangen wir hinter das Gebüsch oder liefen plötzlich in den Wald, wenn wir sicher waren, daß uns niemand beobachtete. So wußten wir, daß wir unsere Geheimnisse ganz für uns hatten und niemand sonst etwas davon wußte. Manchmal, wenn wir uns so versteckt hatten, wie ich es beschrieben habe, zeigte sie mir alle möglichen eigenartigen Sachen. Eines Tages, so erinnere ich mich, saßen wir in einem Haselgesträuch über dem Bach, und wir hatten es so warm und behaglich, obwohl es April war. Die Sonne war schon richtig kräftig, und die Blätter kamen gerade heraus. Sie sagte, sie würde mir etwas Komisches zeigen, daß ich lachen müßte, und dann zeigte sie mir, wie man ein ganzes Haus auf den Kopf stellen kann, ohne daß jemand etwas herausfindet, und wie die Töpfe und Tiegel herumspringen und das Porzellan zerbricht und die Stühle übereinander stolpern. Ich versuchte es eines Tages in der Küche, und ich merkte, daß ich es recht gut konnte, und eine ganze Reihe Teller im Geschirrschrank fiel herunter, und der kleine Arbeitstisch von der Köchin richtete sich plötzlich auf und kippte um, »vor meinen Augen«, wie sie sagte, aber sie war so erschrocken und wurde so weiß im Gesicht, daß ich es nicht mehr tat, weil ich sie mochte. Und später zeigte sie mir im Haselgebüsch, wo sie mich gelehrt hatte, wie man Dinge herumspringen läßt, wie man Klopfgeräusche macht, und ich lernte auch das. Dann brachte sie mir Reime für bestimmte Anlässe bei und besondere Zeichen, die man bei anderen Anlässen machen konnte, und andere Dinge, die ihr die Urgroßmutter gezeigt hatte, als sie selbst ein kleines Mädchen war. Und an all diese Dinge dachte ich in jenen Tagen nach der seltsamen Wanderung, als ich dachte, ich hätte ein großes Geheimnis gesehen, und ich wünschte mir, meine Kinderfrau wäre da, und ich könnte sie danach fragen, aber sie war vor über zwei Jahren fortgegangen. Und niemand schien zu wissen, was aus ihr geworden war oder wohin sie ging. Aber ich werde mich immer an diese Tage erinnern, auch wenn ich ganz alt werde, weil ich mir immer so seltsam vorkam, so unschlüssig und voller Fragen, und einmal war ich mir ganz sicher und hatte mich entschieden, und dann schien es mir wieder gewiß, daß solche Dinge nicht wirklich geschehen konnten, und es fing alles wieder an. Aber ich achtete sehr darauf, gewisse Dinge nicht zu tun, die sehr gefährlich sein konnten. So wartete ich lange Zeit und grübelte und fragte mich, wie es wohl sein mochte, und obwohl ich mir gar nicht sicher war, wagte ich nicht, es herauszufinden. Aber eines Tages wurde ich mir gewiß, daß alles, was die Kinderfrau gesagt hatte, ganz wahr war, und ich war ganz allein, als ich es herausfand. Ich zitterte am ganzen Leib vor Freude und Schrecken, und so rasch ich konnte, rannte ich zu einem von den alten Gebüschen, wo wir immer hingegangen waren – es war das an dem Feldweg, wo sie den kleinen Mann aus Ton gemacht hatte –, und ich rannte und kroch hinein, und als ich zu der Stelle kam, wo der Holunder stand, bedeckte ich mein Gesicht mit den Händen und legte mich in das Gras und blieb so zwei Stunden regungslos und flüsterte mir herrliche schreckliche Sachen vor und sagte bestimmte Wörter immer wieder. Es war alles wahr und wundervoll und prächtig, und als ich an die alte Geschichte dachte und daran, was ich wirklich gesehen hatte, wurde mir heiß und wurde mir kalt, und die Luft schien voller Duft und Blumen und Gesang. Zuerst wollte ich einen kleinen Tonmann machen, wie sie es vor so langer Zeit getan hatte, und ich mußte mir Pläne und Listen ausdenken und mich umschauen und vorausplanen, weil niemand auch nur von ferne ahnen durfte, was ich tat oder tun wollte, und ich zu alt war, um Ton in einem Blecheimerchen umherzutragen. Zuletzt entwarf ich einen Plan, und ich brachte den feuchten Ton in das Gebüsch und tat alles, was sie getan hatte, nur machte ich ein viel schöneres Bild als das, welches sie gemacht hatte. Und als es fertig war, tat ich alles, was ich mir nur denken konnte und viel mehr als sie, weil es das Abbild von etwas viel Besserem war. Und ein paar Tage später, als ich früh mit dem Unterricht fertig war, ging ich zum zweiten Mal dem kleinen Bach nach, der mich in das fremde Land gebracht hatte. Und ich folgte dem Bach und ging durch das Gebüsch und unter den niedrigen Ästen hindurch und das Dornendickicht am Hügel empor, und durch dunkle Wälder voll Dornenranken, den langen, langen Weg. Dann kroch ich durch den dunklen Tunnel, wo der Bach gewesen war und der Boden steinig war, bis ich zuletzt zu dem Dickicht kam, das den Hügel hinaufstieg, und obwohl die Blätter an den Bäumen hervorkamen, sah alles fast so schwarz aus wie an dem ersten Tag, als ich dort war. Und das Dickicht war genauso, und ich ging langsam hinauf, bis ich auf den großen kahlen Berg gelangte und unter den wunderbaren Felsen umherging. Ich sah den schrecklichen Vur wieder auf allem, denn obwohl der Himmel heller war, blieb der Kreis von Bergen ringsum immer noch dunkel, und die hängenden Wälder sahen dunkel aus und entsetzlich, und die seltsamen Felsen waren grau wie je. Als ich von der großen Hügelwölbung herabschaute auf sie, sah ich all ihre erstaunlichen Kreise und die Ringe in den Ringen, und ich mußte ganz still sitzen und sie ansehen, als sie begannen, sich um mich zu drehen, und jeder Stein tanzte an seinem Ort, und sie schienen in einem großen Wirbel herum und herum zu kreisen, als wäre man in der Mitte von all den Steinen und würde sie durch die Luft fahren hören. So ging ich hinunter zu den Felsen, um mit ihnen zu tanzen und um außergewöhnliche Lieder zu singen. Und ich ging durch das andere Dickicht hinab und trank von dem klaren Fluß in dem schmalen geheimen Tal und berührte mit meinen Lippen das perlende Wasser drunten. Dann ging ich weiter, bis ich zu dem tiefen, überfließenden Brunnen im glitzernden Moos kam, und setzte mich nieder. Ich schaute in das geheime Dunkel des Tales hinein, und hinter mir war die große grasbewachsene Wand, und überall um mich her waren die überhängenden Wälder, die das Tal zu einem so geheimen Ort machten. Ich wußte, es war außer mir niemand da, und niemand konnte mich sehen. So zog ich meine Schuhe und Strümpfe aus und ließ meine Füße in das Wasser und sprach die Worte, die ich kannte. Und es war gar nicht kalt, wie ich erwartet hatte, sondern warm und sehr angenehm, und als meine Füße darin waren, fühlten sie sich an wie in Seide oder als ob die Nymphe sie küßte. Ich sagte die anderen Worte und machte die Zeichen, als ich fertig war, und dann trocknete ich meine Füße mit einem Handtuch ab, das ich eigens mitgebracht hatte, und zog Strümpfe und Schuhe an. Dann stieg ich die steile Wand hinauf und ging an den Ort, wo die Erdmulden sind und die beiden wunderschönen Bienenkorbhügel und die runden Wälle und all die seltsamen Formen. Ich ging diesmal nicht in die Mulde hinab, aber am Ende drehte ich mich um, und ich sah die Figuren ganz deutlich, weil es heller war und weil ich mich an die Geschichte erinnert hatte, die mir vorher ganz entfallen war. In der Geschichte heißen die zwei Figuren Adam und Eva, und nur die, welche die Geschichte kennen, verstehen, was sie bedeuten. So ging ich weiter und weiter, bis ich zu dem geheimen Wald kam, der nicht beschrieben werden darf, und ich kroch auf dem Pfad hinein, den ich gefunden hatte. Und als ich etwa den halben Weg zurückgelegt hatte, hielt ich an und drehte mich um und machte mich bereit. Ich band mir das Taschentuch fest um die Augen und achtete darauf, daß ich nichts sehen konnte, keinen Zweig, keine Blattspitze, nicht das Licht des Himmels, weil es ein altes rotes Seidentaschentuch mit großen gelben Punkten war, das zweimal herumging und meine Augen ganz bedeckte, so daß ich wirklich nichts sehen konnte. Dann ging ich weiter, Schritt um Schritt, ganz langsam. Mein Herz schlug schneller und schneller, und mir stieg etwas in die Kehle, das mich würgte, so daß ich laut rufen wollte, aber ich schloß meine Lippen und ging voran. Äste verfingen sich in meinem Haar, wie ich dahinging, und große Dornzweige rissen an mir. Aber ich ging bis zum Ende des Pfades und blieb stehen und streckte die Arme aus und verneigte mich. Dann ging ich zum ersten Mal herum und tastete mit den Händen, und da war nichts. Ich ging zum zweiten Mal herum und tastete mit den Händen, und da war nichts. Dann ging ich zum dritten Mal herum und tastete mit den Händen, und alles an der Geschichte war wahr, und ich wünschte mir, die Jahre wären schon vergangen, und ich müßte nicht eine so lange Zeit warten, bis ich glücklich sein würde auf immer und ewig.

Meine Kinderfrau muß so gewesen sein wie die Propheten, von denen wir in der Bibel lesen. Alles, was sie sagte, fing an, wahr zu werden. Und seitdem sind noch andere Sachen geschehen, von denen sie mir erzählt hat. So kam es, daß ich wußte: ihre Geschichten sind wahr, und ich habe mir das Geheimnis nicht einfach selbst im Kopf ausgedacht. Aber es geschah an diesem Tag noch etwas anderes. Ich ging ein zweites Mal an den geheimen Ort. Es war an dem tiefen überfließenden Brunnen, und als ich im Moos stand, neigte ich mich darüber und sah hinein, und dann wußte ich, wer die weiße Dame war, die ich aus dem Wasser im Wald hatte kommen sehen, vor langer Zeit, als ich ganz klein war. Und ich zitterte am ganzen Leib, weil mir das noch mehr verriet. Dann erinnerte ich mich, wie einige Zeit, nachdem ich die weißen Gestalten im Wald gesehen hatte, mich die Kinderfrau noch einmal nach ihnen gefragt hatte, und wie ich ihr noch einmal alles erzählte und sie mir lauschte und dann lange, lange Zeit schwieg und schließlich sagte: »Du wirst sie wiedersehen.« Also verstand ich, was geschehen war und geschehen würde. Und ich wußte nun, wie es mit den Nymphen war: daß ich ihnen an allen möglichen Orten begegnen konnte, daß sie mir immer helfen würden, und daß ich immer nach ihnen Ausschau halten und sie in allen Arten von seltsamen Formen und Erscheinungen finden mußte. Und ohne die Nymphen hätte ich nie das Geheimnis finden können, und ohne sie konnte nichts von den anderen Dingen geschehen. Meine Kinderfrau hatte mir vor langer Zeit alles von ihnen erzählt, aber sie hatte sie anders genannt. Ich wußte nicht, was sie meinte oder wovon die Geschichten handelten, nur daß sie sehr seltsam waren. Und es gab zwei Arten von Nymphen, die hellen und die dunklen, und beide waren sehr wunderbar und wunderschön, und manche Menschen sahen nur die eine Art und manche nur die andere, aber manche sahen beide. Gewöhnlich kamen aber die dunklen zuerst und die hellen danach, und über die gab es ungeheuere Geschichten. Es war ein, zwei Tage, nachdem ich von dem geheimen Ort wiedergekommen war, daß ich zum ersten Mal die Nymphen wirklich erkannte. Die Kinderfrau hatte mir gezeigt, wie man sie ruft, und ich hatte es versucht. Aber ich wußte nicht, was sie meinte, und deshalb dachte ich, es wäre alles Unsinn. Aber ich beschloß, es noch einmal zu versuchen. So ging ich in den Wald, wo der Teich war, wo ich die weißen Gestalten sah, und ich versuchte es noch einmal. Die dunkle Nymphe kam, Alanna, und sie verwandelte den Teich aus Wasser in einen Teich von Feuer...

Epilog

»Das ist eine sehr seltsame Geschichte«, sagte Cotgrave und reichte das grüne Buch an Ambrose, den Einsiedler, zurück. »Ich begreife bei vielem, worauf es hinausläuft, aber manches begreife ich gar nicht. Auf der letzten Seite zum Beispiel, was meint sie da mit ›Nymphen‹?«

»Nun, ich glaube, das ganze Manuskript hindurch finden sich Hinweise auf bestimmte ›Prozesse‹, die von Zeitalter zu Zeitalter überliefert worden sind. Manche dieser Prozesse geraten im Augenblick gerade in das Gesichtsfeld der Wissenschaft, die auf ganz anderen Wegen zu ihnen – oder besser zu den Schritten, die zu ihnen führen – gelangt ist. Ich habe die ›Nymphen‹ als einen Hinweis auf einen solchen Prozeß interpretiert.«

»Und Sie glauben, es gibt solche Dinge?«

»O ja, ich glaube doch. Ja, ich könnte Ihnen wohl überzeugende Beweise geben. Ich fürchte, Sie haben das Studium der Alchemie vernachlässigt. Das ist schade, denn die Symbolik zumindest ist wunderschön, und darüber hinaus könnte ich – wären Sie mit gewissen Büchern vertraut – Ihnen bestimmte Formulierungen ins Gedächtnis rufen, die einiges in dem Manuskript erklären dürften, das Sie gelesen haben.«

»Ja, aber ich möchte wissen, ob Sie ernsthaft annehmen,

daß es eine tatsächliche Grundlage für all diese Phantasien gibt. Gehört das nicht alles in das Reich der Dichtung? Ein seltsamer Traum, dem die Menschen sich hingegeben haben?«

»Ich kann nur sagen, daß es zweifellos für die Masse der Menschen besser ist, dies alles als einen Traum abzutun. Aber wenn Sie mich nach meinem wahren Glauben fragen – der geht gerade in die andere Richtung. Nein, ich sollte nicht sagen: Glauben. Besser: Wissen. Ich darf Ihnen sagen, daß mir Fälle bekannt sind, in welchen Menschen ganz durch Zufall auf ähnliche Prozesse gestoßen sind und von vollkommen unvorhergesehenen Ergebnissen überrascht wurden. In den Fällen, an die ich hier denke, gibt es keinerlei Möglichkeit von Autosuggestion oder irgendwelchen unbewußten Beeinflussungen. Man könnte ebensogut annehmen, daß ein Schuljunge sich die Existenz des Aischylos ›suggeriert‹, während er mechanisch die Stammtafeln der griechischen Verben durchgeht.

Aber Sie haben bemerkt, wie obskur das Ganze gehalten ist«, fuhr Ambrose fort, »und in diesem besonderen Fall muß das ganz instinktiv geschehen sein, da die Autorin nie daran gedacht hat, ihr Manuskript könnte in andere Hände kommen. Die Übung ist aber allgemein verbreitet, und zwar aus gewichtigem Grund. Machtvolle und heilkräftige Medizinen – die notwendigerweise auch starkwirkende Gifte sind – bewahrt man in einem verschlossenen Schrank auf. Das Kind mag den Schlüssel durch Zufall finden, und sich den Tod trinken. In den meisten Fällen aber wirkt die Suche erzieherisch. Und die Phiolen enthalten für denjenigen kostbare Elixiere, der sich den Schlüssel geduldig selber gefeilt hat.«

»Auf Einzelheiten möchten Sie nicht eingehen?«

»Nein, ganz offen gesprochen, das will ich nicht. Nein, Sie müssen wohl unüberzeugt bleiben. Sie sehen aber, wie das Manuskript unser Gespräch von letzter Woche bestätigt?«

»Lebt dieses Mädchen noch?«

»Nein. Ich war unter denen, die sie fanden. Ich kannte den

Vater gut; er war Rechtsanwalt und hatte sie immer in hohem Maße sich selber überlassen. Er dachte nur an Verträge und Kodizille, und die Nachricht kam als schreckliche Überraschung für ihn. Eines Morgens war sie verschwunden. Ich nehme an, das war etwa ein Jahr, nachdem sie geschrieben hatte, was Sie lasen. Er rief die Dienerschaft, und sie sagten ihm manches und erklärten es sich auf die einzig natürliche Weise – eine völlig irrige.

Man fand das grüne Buch irgendwo in ihrem Zimmer, und ich fand sie an dem Ort, den sie mit soviel Scheu beschreibt, auf dem Boden liegen, vor dem Standbild.«

»Ein Standbild war es?«

»Ja. Es war von den Dornensträuchern und dem dichten Unterholz ringsum verborgen. Es war eine wilde, einsame Gegend. Aber Sie wissen ja nach ihrer Beschreibung, wie es dort aussah, obwohl Sie natürlich berücksichtigen müssen, daß die Farben etwas kräftig gemalt sind. Die Phantasie eines Kindes macht die Höhen stets höher und die Tiefen tiefer, als sie sind. Und sie hatte zu ihrem Unglück etwas mehr als Phantasie. Man könnte vielleicht sagen, daß das Bild in ihrem Bewußtsein, das in Worte zu fassen ihr bis zu einem gewissen Grad gelungen ist, etwa der Szenerie entsprach, wie ein sensitiver Maler sie dargestellt hätte. Aber es ist eine seltsame, öde Landschaft.«

»Und sie war tot?«

»Ja. Sie hatte sich vergiftet – mit der Zeit. Nein, es war ihr überhaupt nichts nachzusagen, im üblichen Sinn. Sie erinnern sich vielleicht an die Geschichte, die ich neulich erzählt habe – von der Dame, die sehen mußte, wie die Finger ihres Kindes von einem Fenster zerschmettert wurden?«

»Und was war das für eine Statue?«

»Nun, es war eine römische Arbeit, aus einem Stein, der sich im Lauf der Jahrhunderte nicht geschwärzt hatte, sondern weiß geworden war und leuchtend. Das Dickicht war ringsumher aufgewachsen und hatte sie verborgen. Im Mittelalter wußten die Anhänger einer sehr alten Tradition sie für ihre eigenen Zwecke zu benutzen. Tatsächlich war sie in die monströse Mythologie des Sabbath einbezogen worden. Es wird Ihnen aufgefallen sein, daß diejenigen, denen durch Zufall – oder vielleicht besser: durch scheinbaren Zufall – der Anblick dieser leuchtenden Weiße zuteil geworden war, sich bei ihrer zweiten Annäherung die Augen verbinden mußten. Das ist sehr bedeutungsvoll.«

»Und steht sie noch dort?«

»Ich habe Werkzeug kommen lassen, und wir haben sie zu Splittern und Staub erschlagen.«

»Das Überdauern einer Tradition setzt mich niemals in Erstaunen«, fuhr Ambrose nach einer Pause fort. »Ich könnte manch einen englischen Sprengel nennen, wo Traditionen wie jene, der dieses Mädchen in der Kindheit lauschte, zwar insgeheim, doch immer noch unvermindert in Kraft sind. Nein, für mich ist es die ›Geschichte‹ selbst, die seltsam und schrecklich ist, und nicht die ›Folgen‹ sind es. Denn ich habe immer geglaubt, daß der Ort der Wunder die Seele ist.«

N

I.

Sie sprachen von den alten Tagen und den alten Geschichten und über all die Veränderungen, die London in den letzten grauen Jahren ereilt haben; eine kleine Gesellschaft von dreien, in Perrotts Wohnung zu einem seltenen Treffen zusammengekommen.

Einer, der jüngste der drei, ein Knabe von fünfundfünfzig oder so, hatte eben erwidert: »Ich kenne jeden Zoll in diesem Viertel, und ich sage euch, so einen Ort gibt es da nicht.«

Er hieß Harliss. Er hatte anscheinend irgend etwas mit Chemikalien und Glasballons und Kristallisationen zu tun.

Sie hatten sich an viele Wechselfälle im Stadtbild Londons erinnert, und es muß erwähnt werden, daß der grüne Junge der Versammlung, Harliss, noch sehr gut den Strand von einst im Gedächtnis hatte, ehe man ihn ganz ruinierte. Tatsächlich ist es zweifelhaft, ob Perrott ihn ohne die Erinnerung an jene Tage und Taten bei dem Treffen im Mitre Place zugelassen hätte – einer Seitengasse, die tagsüber in das Hospiz hineinführte, nach neun Uhr abends jedoch, wenn sich die eisernen Torflügel schlossen und das Pflaster still wurde, versperrt war. Seine Zimmer lagen im ersten Stock, und aus den vorderen Fenstern konnte man die Ulmen im Garten sehen, in denen vor dem Kriege die Krähen ihre Nester gebaut hatten. Drinnen war das große, niedrige Wohnzimmer zur Gänze mit weichen, tiefen Teppichen ausgelegt. Die Winternacht, durch die selbst im Herzen von London ein bitterkalter, trokkener Wind fuhr und stöhnte, war mit dicken karmesinroten Vorhängen ausgesperrt, und die drei Männer saßen um einen alten Kamin, in dem ein Feuer loderte. Der Kamin war hochgewölbt und auf beiden Seiten mit vorspringenden Gesimsen ausgestattet, auf dessen einem ein großer Teekessel zu wispern begonnen hatte. Die Lehnstühle der drei waren von der Art jenes Stuhls, auf dem Mr. Pickwick ewig in seinem Frontispiz sitzen wird. Der runde Tisch aus dunklem Mahagoni stand auf einem Bein, das tief und reich geschnitzt war, und Perrott behauptete, der Tisch sei aus der Zeit Georges IV., obwohl der dritte Freund, Arnold, meinte, William IV. käme wohl eher hin oder sogar frühe Königin Victoria. Auf der dunkelroten Tapete hingen Stiche aus dem 18. Jahrhundert, welche die Kathedralen von Durham und Peterborough darstellten und im übrigen zeigten, daß – trotz Horace Walpole und seinem Freund Mr. Gray – das 18. Jahrhundert nicht in der Lage gewesen war, ein gotisches Gebäude wiederzugeben, selbst wenn es seine Türme und sein Maßwerk vor der Nase hatte: »weil sie es nicht sehen *konnten*«, wie Arnold eines Nachts insistiert hatte, als die beweglichen Zeichen des Uhrziffernblatts schon eine späte Stunde zeigten und der Punsch im Krug schon ein wenig über den Gewürzen eindickte. Es hingen noch andere Stiche späteren Datums an den Wänden, Werke vergessener Künstler aus den dreißiger und vierziger Jahren, die damals recht bekannt gewesen waren – Landschaften aus dem Tal des Usk, Holy Mountain und Llanthony: alle mit einem gewissen Zauber, einem visionären Reiz, als bestünden die runden Hügel und die ernsten Wälder eher kraft einer Gnade als von Natur. Über dem Kamin hing *Bolton Abbey in alter Zeit*.

Perrott meinte immer, er müsse sich dafür entschuldigen.

»Ich weiß«, sagte er dann, »ich weiß schon Bescheid. Das ist ein Schweineschinken, eine Ziege, ein Hund und ein verdammter Unsinn« – er zitierte eine walisische Anekdote –, »aber es hing bei uns daheim im Eßzimmer über dem Feuer. Und ich wünsche mir oft, ich hätte *Te Deum laudamus* auch mitgebracht.«

»Was ist das denn?« fragte Harliss.

»Ah ja, Sie sind zu jung, um noch damit gewohnt zu haben. Das stellte drei Chorknaben in ihren weißen Hemdchen dar; einer sang eifrig, und die beiden anderen gafften in der Gegend herum wie Chorknaben. Und man hat uns stets erzählt, daß der eifrige Knabe am Ende gehängt worden ist. Das entsprechende Bild an der anderen Wand zeigte drei Waisenhausmädchen, die ebenfalls sangen. Das hieß *Te Dominum confitemur*. Ihre Geschichte habe ich nie erfahren.«

»Ich weiß!« Harliss' Gesicht hellte sich auf. »Ich habe beide in einem möblierten Zimmer in Bahnhofsnähe in Brighton angetroffen, im Jahre von Mafeking. Und ein, zwei Jahre später habe ich *Sherry, Sir?* in einem Hotel in Tenby gesehen.«

»Das schönste Wachsobst, das ich je gesehen habe«, fiel Arnold hier ein, »lag in einem Fenster in der King's Cross Road.«

So tasteten sie sich an Erinnerungen entlang, die eher dem Altmodischen galten als dem Alten. Und so durchstreiften sie an jenem Winterabend, da es draußen kalt wehte, die Londoner Straßen von vor vierzig, fünfundvierzig, fünfundfünfzig Jahren.

Einer verbreitete sich über Bloomsbury, als noch die Gitter standen und die Türsteher des Herzogs Schilderhäuschen am Tor hatten, und alles Friede war in diesen ernsten Grenzen, um nicht zu sagen: tiefste Langeweile. Hier stand die hohe Kirchenkuppel einer seltsamen Sekte, in der, wie es hieß, beim Aufwölken des Weihrauchs während eines feierlichen Ritus sich plötzlich eine heulende Stimme mit einer magischen Anrufung erhob. Dort eine andere Kirche, in der Christina Rossetti das Haupt neigte; überall umher dämmerige Plätze, auf denen niemand einherging, und die Blätter der Bäume waren dunkel vor Schmutz und Ruß.

»Ich weiß noch einen Frühling«, sagte Arnold, »da waren sie von so strahlendem Grün, wie ich es nie gesehen habe. Im Bloomsbury Square. Vor langer Zeit.«

»Diese wunderbaren kleinen Löwen standen noch auf den Eisenpfosten, auf dem Gehsteig vor dem Britischen Museum«, warf Perrott ein. »Ich glaube, sie haben ein paar aufgehoben und in Museen verborgen. Das ist einer der Gründe, weshalb die Straßen immer langweiliger werden. Wenn es irgend etwas Merkwürdiges gibt, wird es weggenommen und in ein Museum gesteckt. Ich frage mich, was aus der seltsamen kleinen Figur geworden ist, sie hatte, glaub' ich, einen Dreispitz, die an der Schankstubentür im Hof von der *Glocke* in Holborn stand.«

Sie arbeiteten sich durch die Fetter Lane vor und beklagten Drydens Haus (»Das war, glaube ich, 87, als sie das abgerissen haben«) und verweilten an der Stelle von Clifford's Inn (»Man konnte mit einem Schritt ins 17. Jahrhundert treten«), und kamen schließlich in den Strand.

»Jemand hat ihn die schönste Straße Europas genannt.«

»Zweifellos war er das – in einem gewissen Sinn. Gar nicht im naheliegenden – das war kaum *belle architecture de ville*. Alle Zeitalter, Gebäude jeder Größe und jeder Höhe und jeglichen Stils: ein einzigartiger Zauber von einer Straße, eine Beschwörung, voller Worte, die den Uneingeweihten nichts bedeuten.«

Eine Art Litanei folgte.

»Diese Wirtschaft mit den bleichen Puddings, wo der kleine David Copperfield sich noch sein Dinner hätte holen können.«

»Das war bei der Bookseller's Row – Häuser aus dem 16. Jahrhundert.«

»Und ›Schokolade wie in Spanien‹, gegenüber Charing Cross.«

»Das Büro vom *Globe*, wo man seine ersten Feuilletons hingeschickt hat.«

»Die engen Gassen mit den Stufen zum Fluß hinunter.«

»Der Seifensiedergeruch aus dem Parfümladen.«

»Nutts Buchhandlung, bei dem walisischen Hammelmetzger, wo die Straße so schmal wurde.«

»Der *Family Herald* – im Fenster das Bild von einer frühen Setzmaschine, wo der Arbeiter mit so langen Armen über dem Setzkasten hing.«

»Und Garden House, mit einem großen Rasen drum herum, im Clement's Inn.«

»Und wie diese alten gelben Gaslaternen flackerten, wenn der Wind die Straße entlangblies, und die Leute drängten sich in den Durchlaß, wo's zu den billigen Plätzen im Lyceum ging.«

Einer von ihnen, angeregt von einem Ausdruck, den ein anderer gebraucht hatte, fing an, »O feister Oberkellner einst im *Cock*« zu zitieren.

»Was für Koteletts!« seufzte Perrott. Und er begann, den Punsch zuzubereiten, wobei er zuerst die Zuckerstücke an den Zitronen rieb und so die zarten aromatischen Öle aus der Rinde der Mittelmeerfrüchte hervorlockte. Aus den Schränken am dunklen Ende des Zimmers wurden Ingredienzien hervorgeholt: Rum aus dem Jamaica Coffee House in der City, Gewürze in blauen Porzellandosen, ein oder zwei alte Flaschen mit geheimen Essenzen. Der Kessel kochte, die Zutaten wurden in den rotbraunen Krug gegossen und gestäubt, der dann verschlossen und zur Verdauung vor die Hitze des Kaminfeuers gestellt wurde.

»Misce, fiat mixtura«, sagte Harliss.

»Gut!« erwiderte Arnold, »aber denken Sie daran, daß das eigentliche Große Werk sich unsichtbar vollzieht.«

Niemand kümmerte sich um ihn und seine Alchemie, und nach einer angemessenen Zeit wurden die Gläser über den duftenden Dampf des Kruges gehalten und dann gefüllt. Die drei saßen ums Feuer und tranken in kleinen Schlucken, mit dankbaren Herzen.

II.

Es sei darauf hingewiesen, daß die erwähnten Gläser keine sehr große Qualität des heißen Alkohols in sich aufnahmen. Tatsächlich waren es die früher so genannten Groppen – rund, aufgeblasen, aber mit dickem Rand und kleinem Fassungsvermögen. Deshalb heißt es nichts gegen die Klarheit dieser alten Köpfe, wenn gesagt wird, daß sich zwischen der dritten und vierten Runde das Gespräch aus der Mitte Londons und dem geliebten, verlorenen Strand zurückzog und sich weiter auswärts verlagerte, in seltsamere, weniger bekannte Territorien. Perrott fing an damit, indem er einen seltsamen Weg nachzeichnete, den er einst nordwärts zurückgelegt hatte: vorbei am Globe- und am Olympic-Theater in das dunkle Labyrinth des Clare Market, durch Torbögen und schmale Gassen, bis er in die Great Queen Street kam, in der Nähe der Freemasons's Tavern, bei Inigo Jones' roten Pilastern. Ein anderer nahm den Faden auf und kam über Whetstone's Park nach Holborn, mit einer kleinen Abschweifung, um die Kingsgate Street zu besuchen – »genau wie der Stich von Phiz: schäbig, vulgär, beklagenswert, aber ich wünschte, sie hätten's nicht abgerissen« – und endlich in Theobald's Road zu landen. Da verweilten sie ein wenig, um seltsam verzierte bleierne Zisternen zu betrachten, die einst vor dem Souterrain mancher alten Häuser zu sehen gewesen waren, und auch, um die Legende zu diskutieren, daß ein altes Wirtshaus mit Galerien um seinen Innenhof bis vor recht kurzer Zeit noch hinten in der Tibbles Road, denn so nannten sie diese, überdauert habe. Und von dort nach Nordosten, die Gray's Inn Road hinauf, über die King's Cross Road weg und bergauf.

»Und hier«, sagte Arnold, »betreten wir das Reich der Hypothese. Wir haben die bekannte Welt hinter uns gelassen.«

Tatsächlich war er es, der nun die Leitung des Gespräches innehatte.

»Wissen Sie«, sagte Perrott, »das hört sich blöd an, aber es ist durchaus wahr, jedenfalls, was mich angeht. Ich glaube, ich bin nie über das Rathaus von Holborn, wie es damals war, hinausgekommen – zu Fuß, meine ich. Natürlich bin ich im Wagen zum King's Cross-Bahnhof gefahren, und ein-, zweimal war ich beim Militärsporttag, als der in der Halle von der Landwirtschaftsausstellung in Islington war, aber ich weiß nicht mehr, wie ich dorthin gekommen bin.«

Harliss sagte, er sei in Nordlondon aufgewachsen, aber viel weiter im Norden – Richtung Stoke Newington.

»Ich kannte einen Mann«, sagte Perrott, »der wußte alles über Stoke Newington; zumindest hätte er es wissen sollen. Er war ein großer Poe-Liebhaber, und er wollte herausfinden, ob die Schule, wo Poe als kleiner Junge wohnte, noch steht. Er ging wieder und wieder in das Viertel, und das Eigenartige ist, daß er trotz seinem Interesse an der Sache nicht zu wissen schien, ob die Schule noch da war und ob er sie gesehen hatte. Er sprach von gewissen Überresten jenes Stoke Newington, das Poe in ›William Wilson‹ andeutet: das verträumte Dorf, die Bäume im Nebeldunst, die alten weitläufigen Backsteinhäuser in ihren Gärten mit den hohen Mauern. Aber obwohl er erklärte, daß er sogar soweit gegangen war, den Pfarrer zu befragen, und die alte Kirche mit den Giebelfenstern beschreiben konnte, kam er nie zu einer wirklichen Entscheidung, ob er nun Poes Schule gesehen hatte oder nicht.«

»Ich habe nie davon gehört, als ich dort wohnte«, sagte Harliss. »Aber ich komme aus einer Familie von Geschäftsleuten. Von Schriftstellern war bei uns nicht viel die Rede. Ich habe so eine unklare Erinnerung, daß ich einmal von Poe als von einem notorischen Trinker sprechen hörte – und das ist so ziemlich alles, was ich bis sehr viel später über ihn erfuhr.«

»Es ist seltsam, aber es stimmt«, unterbrach Arnold ihn. »Es gibt eine allgemeine Neigung, sich auf die Akzidentien zu konzentrieren und das Wesentliche zu übersehen. Man weiß vielleicht nicht viel von Festungsarchitektur, der Inneren Böschung und der Äußeren Böschung und der *fausse braie*, aber zumindest weiß man, daß der Herzog von Wellington eine sehr große Nase hatte. Ich erinnere mich daran, er war auf den Dosen mit Metallputzmittel abgebildet.«

»Aber der Mann, von dem ich erzählt habe«, sagte Perrott, der auf sein Thema zurückkam, »aus dem bin ich nicht recht schlau geworden. Ich habe zu ihm gesagt: ›Sie müssen doch wissen, ob eins oder das andere der Fall ist: diese alte Schule steht noch (oder stand noch) oder nicht, Sie haben sie entweder gesehen oder nicht, da kann es doch keinen Zweifel geben.‹ Aber es ging nicht, wir kamen zu keinem negativen oder positiven Ergebnis. Er gab zu, daß das merkwürdig war. ›Aber ich versichere Ihnen, ich weiß es wirklich nicht. Ich bin einmal hingegangen, ich glaube um 1895 und dann noch einmal im Jahre 1899 – das war da, als ich den Pfarrer aufgesucht habe; und seitdem war ich nicht mehr dort.‹ Er redete wie ein Mann, der im Nebel gewandert ist und nicht mit Gewißheit von den Formen sprechen kann, die er dort gesehen hat.

Und das erinnert mich an etwas. Lange nach meiner Unterhaltung mit Hare – das war der Mann, der sich für Poe interessierte – kam ein entfernter Vetter von mir aus der Provinz nach London, um sich um die Angelegenheiten einer alten Tante zu kümmern, die ihr ganzes Leben lang irgendwo Richtung Stoke Newington gewohnt hatte und nun gestorben war. Er kam eines Abends hierher zu Besuch – wir hatten einander viele Jahre nicht gesehen –, und er bemerkte (sicherlich zu Recht), wie wenig doch der gewöhnliche Londoner von London wüßte, wenn man ihn aus seinem gewohnten Geleise riß. ›Warst du beispielsweise‹, sagte er, ›schon einmal in Stoke Newington?‹ Ich gestand, daß ich nie dort gewesen war; es hatte nie einen Anlaß gegeben. ›Genau. Und ich nehme an, du hast vom Canon's Park nicht einmal gehört?‹ Wieder gestand ich meine Unwissenheit. Er sagte, es sei erstaunlich, daß so ein wunderschöner Fleck, vier oder fünf Meilen vom Zentrum Londons entfernt, neun von zehn Londonern offenbar vollkommen unbekannt war.«

»Ich kenne jeden Zoll in diesem Viertel«, unterbrach ihn Harliss. »Ich bin da geboren und habe bis sechzehn dort gewohnt. Solch einen Ort gibt es nirgendwo in oder um Stoke Newington.«

»Aber Harliss, hören Sie«, sagte Arnold, »ich wußte nicht, daß Sie so etwas wie eine Autorität sind.«

»Nicht eine Autorität über eine Gegend, die ich sechzehn Jahre vor- und rückwärts gekannt habe? Außerdem habe ich später dort die Vertretung für Crosbies gehabt, kurz nachdem ich im Geschäft angefangen habe.«

»Ja, natürlich. Aber – ich nehme an, den Haymarket kennen Sie ziemlich gut, oder?«

»Natürlich – geschäftlich und zum Vergnügen. Jeder kennt den Haymarket.«

»Also gut. Dann sagen Sie mir den Weg zum St. James's Market.«

»Den gibt es nicht.«

»Wir haben ihn«, sagte Arnold mit triumphierendem Grinsen. »Ganz buchstäblich genommen hat er recht. Soviel ich weiß, ist er jetzt ganz abgerissen. Aber während des Kriegs stand er noch: ein kleiner freier Platz mit alten niedrigen Gebäuden, einen Steinwurf von der Rückseite der U-Bahnstation weg. Man bog rechts ab, wenn man den Haymarket herunterkam.«

»Ganz recht«, bestätigte Perrott. »Ich war einmal dort, nur ein einziges Mal, weil ich mit einer seltsamen Zeitschrift zu tun hatte, die in einem von diesen niedrigen Gebäuden verlegt wurde. Aber mir ging es um Canon's Park in Stoke Newington –«

»Entschuldigung«, sagte Harliss, »ich erinnere mich jetzt. Es gibt einen Teil von Stoke Newington, der Canon's Park heißt, oder eine Gegend in der Nähe. Aber das ist kein Park, überhaupt nichts dergleichen. Das ist nur ein Name auf dem Stadtplan, für eine Reihe von Straßen. Ich glaube, es gibt einen Canon's Square dort und einen Park Crescent und eine Esplanade – ein paar ganz anständige Läden dort. Aber alles ganz gewöhnlich, von besonderer Schönheit ist dort nichts zu sehen.«

»Aber mein Vetter sagte, es sei ein ganz erstaunlicher Ort. Überhaupt nicht wie die anderen Parks in London oder irgendein öffentlicher Garten, den er im Ausland gesehen hatte. Man kommt durch ein Tor, und er sagte, es sei, als würde man sich in einem anderen Land wiederfinden. Solche Bäume, die vom anderen Ende der Welt stammen mußten – es gab nichts dieser Art in England, wenn auch ein oder zwei ihn an Bäume in den Kew Gardens erinnerten; tiefe Senken, durch deren Felsen Bäche strömten; Rasen voller purpurner und goldener Blumen und auch goldener Lilien, die hochragten bis in die Bäume hinein und sich mit dem Rot der Blüten vermischten, die von den Ästen hingen. Und da und dort waren kleine Pavillons und Tempel, die weiß in der Sonne glänzten, wie eine Ansicht aus China, so hat er es formuliert.«

Harliss zögerte nicht mit seiner Antwort. »Ich sage euch nochmals, so einen Ort gibt es nicht.«

Und er fügte hinzu:

»Und so oder so klingt mir das Ganze etwas zu blumig. Aber vielleicht ist das die Art Ihres Vetters – ein Mann, der beim Anblick des Löwenzahns in einem Vorgarten hymnisch begeistert ist. Ein Freund hat mir einmal ein Telegramm geschickt: ›Sofort kommen größte wichtigkeit bahnhof st. john's wood treffpunkt.‹ Natürlich fuhr ich hin, weil ich dachte, es sei wichtig, und was er mir zeigen wollte, war der Garten eines zu vermietenden Hauses in der Grove End Road, der ein Meer von Löwenzahn war.«

»Ein wunderschöner Anblick«, sagte Arnold mit großem Nachdruck.

»Es war schön, aber kaum etwas, um jemandem ein Telegramm zu schicken. Und ich glaube, da liegt das Geheimnis von all diesem Zeug, das Ihr Vetter erzählt hat, Perrott. Es gab früher ein oder zwei schön gehaltene Gärten in Stoke Newington, und ich nehme an, er ist aus Versehen auf so ein Grundstück geraten und war von dem Anblick dort völlig hingerissen.«

»Das ist schon möglich«, sagte Perrott, »aber eigentlich war er nicht der Typus. Er hatte ein Versuchsgut nicht weit von Wells und züchtete neue Weizensorten und verbesserten Rasen. Ich habe schon gehört, daß die Leute ihn als stur bezeichnet haben, obwohl ich ihn bei unseren Begegnungen immer ganz angenehm fand.«

»Und ich sage Ihnen jedenfalls, daß es so einen Ort in

Stoke Newington oder irgendwo in der Gegend nicht gibt. Das sollte ich wohl wissen.«

»Und was ist mit St. James's Market?«

Dabei »beließen sie es«. Tatsächlich hatten sie seit einiger Zeit das Gefühl, daß sie sich allzuweit von ihrer vertrauten Welt entfernt hatten und von den freundlichen Wirtshauskaminen des Strand, fort in das wilde Niemandsland des Nordens. Für Harliss waren natürlich diese Regionen einst wohlbekannt, alltäglich und uninteressant gewesen: er konnte sie im Gespräch nicht mit irgendwelcher Gefühlswärme wieder aufleben lassen. Den anderen beiden galten sie als unfreundlich und entlegen – es war, als wollte man von Arktisexpeditionen reden und Zonen immerwährender Dunkelheit.

Sie kamen alle mit Erleichterung zurück in die vertrauten Jagdgründe und sahen Aufführungen in Theatern, die vor fünfunddreißig und mehr Jahren abgerissen worden waren, um anschließend Steaks und Starkbier zu genießen, in der Wirtsstube neben dem Feuer, dem Feuer, das schließlich erloschen war, bald nachdem man das neue Gerichtsgebäude eröffnet hatte.

III.

So schien es jedenfalls zu diesem Zeitpunkt. Doch es war etwas an der Geschichte von diesem Vorstadtpark, das in Arnolds Gedächtnis haften blieb und ihn verfolgte und endlich in den fernen Norden der Erzählung führte. Denn wie er dem unklaren Reiz dieses Themas nachsann, stieß er zufällig auf ein abgegriffenes braunes Buch in seinen unordentlichen Regalen – ein Buch von einem Verkaufsstand in der Farringdon Street, wo man das Manuskript von Trahernes *Centuries of Meditations* gefunden hat. Bis jetzt hatte Arnold kaum einen Blick hineingeworfen. Es hieß *Ein Gang durch London. Meditationen in den Straßen der Metropole*. Der Verfasser war der Reverend Thomas Hampole, und erschienen war das Buch im Jahre

1853. Es bestand zum größten Teil aus wenig originellen moralischen Reflexionen, wie man sie von einem frommen und menschenfreundlichen Geistlichen jener Zeit erwarten durfte. Um die Mitte des 19. Jahrhunderts hatte der Genuß an der moralischen Literatur, wie sie zu Zeiten Addisons und Popes und Johnsons blühte, als der *Rambler* allgemein verbreitet war und die Verleger von Predigtsammlungen ein Vermögen erwarben, noch kaum nachgelassen. Die Leute ließen sich gern vor den Folgen ihrer Handlungen warnen, liebten es, Lektionen in Pünktlichkeit erteilt zu bekommen, auf die Bedeutung der kleinen Dinge im Leben hingewiesen zu werden, Predigten über unscheinbare Gegenstände und die Wunder der Natur zu hören und zu erfahren, daß sich fast aus jedem Anlaß ein grimmiges: Merke! ableiten ließ. So schritt der Reverend Thomas Hampole mit moralisch musterndem Blick durch die Straßen Londons: sah die Regent Street in ihrer frühen Pracht und fand sich an die Ruinen des mächtigen Rom erinnert, predigte über die Einsamkeit in der großen Menge, während er die – wie er sagte – bunten Myriaden betrachtete, und ließ ein ödes, halb verfallenes Haus (Gegenstand eines endlosen Bankrottprozesses) an die fröhlichen Weihnachtsfeste erinnern, die man einst sorglos hinter den bröckelnden Mauern und zerbrochenen Fenstern begangen hatte.

Hie und da aber wurden Mr. Hampoles Ausführungen weniger schlicht und ergreifend und dafür vielleicht lohnender. Zum Beispiel gibt es da einen Abschnitt – er ist, glaube ich, schon einmal von einem modernen Autor zitiert worden –, der eigenartig genug erscheint.

*War es dir je beschieden, freundlicher Leser (*wollte Mr. Hampole wissen), *dich am frühesten Morgen eines Sommertages zu erheben*, *eh noch die Strahlen der Sonne die Kuppeln und Türme der großen Stadt mit mehr als einem leisen Hauch von Licht berührt haben? ... Falls dir dieses zustieß, bist du dann nicht gewahr geworden, daß magische Kräfte am Werke waren? Die vertraute Gegend hat ihren vertrauten*

Charakter verloren. Die Häuser, an denen du vielleicht schon seit Jahren täglich vorübergegangen bist, wenn du zu Geschäften oder Vergnügungen aufbrachst, sehen nun aus, als erblicktest du sie zum ersten Male. Sie haben eine geheimnisvolle Wandlung erfahren, »in ein reich- und seltnes Gut«. Mögen sie auch ohne besonderen Anteil an der Kunstfertigkeit der Architektur errichtet worden sein..., mußt du nun gerne zugeben, daß sie »gar herrlich stehen in heiterem Glanz, im Kleid von mildem Licht«. Sie sind zauberische Bauten geworden, erhabene Gebäude, dem Auge begehrenswerter als das legendäre Lustschloß des fernen Khans oder die edelsteingeschmückte Halle, die der Dschinn für Aladin im orientalischen Märchen aufführt.

Es ging kräftig in dieser Art weiter, und dann, wenn man eben erwartete, daß man davor gewarnt würde, dem Anschein allzusehr zu vertrauen, weil er so vergänglich wie trügerisch war, folgte der überaus merkwürdige Abschnitt:

Manche haben erklärt, es liege in unserer eigenen Wahl beschlossen, ob wir fortwährend eine Welt von ebenso großer oder noch größerer zauberischer Schönheit schauen wollen. Man sagt, die Experimente der Alchemisten des finsteren Mittelalters... bezögen sich tatsächlich nicht auf die Umwandlung der Metalle, sondern auf die Umwandlung des gesamten Universums... Dieser Methode oder Kunst oder Wissenschaft, oder wie immer wir dieses nennen wollen (um einmal vorauszusetzen, daß es existiert oder existiert hat), ist schlicht daran gelegen, das Entzücken des einstigen Paradieses wiederherzustellen. Die Menschen, so sie wollen, in die Lage zu versetzen, eine Welt der Freude und des Glanzes zu bewohnen. Es mag möglich sein, daß es ein solches Experiment gibt, und daß es darüber hinaus einige gibt, die es gemacht haben.

Der Leser wurde auf eine Anmerkung – eine von mehreren – am Ende des Buches verwiesen, und Arnold, dessen Interesse bereits durch diesen unerwarteten Exkurs des Reverend Thomas geweckt war, schlug sie nach. Und sie lautete:

Ich bin mir dessen bewußt, daß diese Spekulationen dem Leser eigenartig und vielleicht sogar, darf ich hinzufügen, ganz chimärisch vorkommen mögen. Und tatsächlich mag ich vorschnell gehandelt haben, als ich sie dem Druck anvertraute. Wenn dies ein Fehler war, so bitte ich um Verzeihung. Tatsächlich liegt es mir ganz fern, irgend jemandem, der diese Zeilen lesen mag, zu dem zweifelhaften und schwierigen Experiment zu raten, welches sie skizzieren. Doch werden wir angehalten, Wahrheitssucher zu sein: veritas contra mundum.

Ich finde mich in meinem Glauben, daß es zumindest eine gewisse Grundlage für die angedeuteten seltsamen Theorien gibt, durch ein Experiment bestärkt, das mir in den frühen Tagen meines geistlichen Amtes zustieß. Kurz nach dem Ablauf meiner ersten Vikarsstelle und nachdem ich die Weihen empfangen hatte, verbrachte ich einige Monate in London, wo ich bei Verwandten in Kensington wohnte. Ein Studienfreund, den ich den Reverend Mr. S– – – nennen möchte, war, wie ich wußte, Vikar in einem Vorort im Norden von London, S. N. Ich schrieb ihm und besuchte ihn dann auf seine Einladung hin in seinem Quartier. Ich traf ihn in großer Unruhe an. Es schien, daß S – – – an einer Erkrankung der Atemwege litt, und sein Arzt bestand darauf, daß er unbedingt eine Weile London verlassen und die vier Wintermonate im zuträglicheren Klima von Devonshire verbringen sollte. Geschähe dies nicht, so erklärte der Arzt, könnte dies ernsteste Folgen für die Gesundheit meines Freundes nach sich ziehen. S – – – war nur allzubereit, diesem Rat zu folgen, wünschte es in der Tat selbst, doch andererseits wollte er seine Vikarsstellung, in welcher er, wie er sagte, so glücklich wie – hoffe er – nützlich war, nicht aufgeben. Als ich dies hörte, bot ich ihm sogleich meine Dienste an und sagte ihm, wenn sein Pfarrer einverstanden sei, würde ich gerne seine Pflichten bis zum Ende des folgenden Märzmonats übernehmen oder auch noch länger, falls die Ärzte eine Ausdehnung seines Aufenthalts im Süden für angebracht hielten. S – – – war überglücklich. Er nahm mich sogleich zu seinem Pfarrer mit; die entsprechenden Erkundigungen wurden eingezogen, und nach zwei Wochen trat ich meine zeitweilige Amtsstelle an.

Während dieser kurzen Tätigkeit am Rande Londons wurde ich mit einer höchst ungewöhnlichen Persönlichkeit bekannt, die ich Glanville nennen werde. Er war ein regelmäßiger Besucher unserer Gottesdienste, und im Rahmen meiner Amtspflichten suchte ich ihn auf und gab meiner dankbaren Befriedigung darüber Ausdruck, wie eng er mit dem Ritus der anglikanischen Kirche verwachsen war. Er antwortete mir mit angemessener Höflichkeit, bat mich, Platz zu nehmen und mit ihm die Erfrischung einer Tasse Tee zu nehmen, und bald fanden wir uns in ein Gespräch vertieft. Ich bemerkte schon früh während unserer Bekanntschaft, daß er vertraut war mit den Vorstellungen des deutschen Theosophen Böhme und seines englischen Schülers William Law; und es war mir klar, daß er diese Labyrinthe mystischer Theologie sehr schätzte. Er war ein Mann mittleren Alters, recht hager und von fast dunkler Hautfarbe, und sein Gesicht erhellte sich in eindrucksvoller Manier, wenn er von den Spekulationen sprach, die offensichtlich seine Gedanken schon seit vielen Jahren beschäftigten. Da diese seine Theorien auf den Doktrinen (wenn wir sie denn so nennen dürfen) von Böhme und Law beruhten, erschienen sie mir in höchstem Maße phantastisch – ich möchte sogar sagen: unglaublich –, doch gestehe ich, daß ich ihm mit nicht geringem Interesse zuhörte, während ich keinen Zweifel daran ließ, daß ich als anglikanischer Geistlicher weit davon entfernt war, dem mir Dargelegten uneingeschränkt zuzustimmen. Dieses war nicht, muß ich sagen, dem orthodoxen Glauben deutlich und unumwunden zuwiderlaufend, doch gewiß seltsam genug und mit heilsamer Vorsicht zu genießen. Als ein Beispiel für die Ideen, welche einen ingeniösen – und, ich darf es wohl sagen, frommen – Geist beschäftigen, will ich erwähnen, daß Mr. Glanville sich oft über eine nicht allgemein anerkannte Folge des Sündenfalles ausließ. »Als der Mensch«, so pflegte er zu sagen, »jener geheimnisvollen Versuchung nachgab, welche die symbolische Sprache der Heiligen Schrift andeutet, wurde das Universum, ursprünglich flüssig und seinem Geist zu Diensten, fest, und es stürzte auf ihn hinab und überwältigte ihn mit seinem Gewicht und seiner toten Last.« Ich forderte ihn auf, mich weiter über diese bemerkenswerte Annahme aufzuklären, und erfuhr, daß er die Ansicht vertrat, daß das, was wir nun als störrische Materie ansehen, am Anfang – um seine ganz eigene Phraseologie zu gebrauchen – das Himmlische Chaos war, eine weiche und plastische Substanz, die sich durch die Vorstellungskraft des sünd-

losen Menschen in jede Gestalt formen ließ, die er ihr zu geben wünschte. »So seltsam es klingt«, fügte er hinzu, »die wilden Erfindungen (wie wir meinen) von Tausendundeiner Nacht geben uns einen gewissen Begriff von den Kräften des homo protoplastus. Die reiche Stadt wird zu einem See, der Teppich bringt uns in kürzester Zeit – oder besser: außerhalb der Zeit – von einem Ende der Welt ans andere, der Palast erhebt sich auf ein einziges Wort hin aus dem Nichts. Magie nennen wir all dies und spotten über die Möglichkeit solcher Taten; doch ist die Magie des Ostens nichts als die verworrene und bruchstückhafte Erinnerung an Kraftwirkungen, die zur ursprünglichen Natur des Menschen gehörten, und an das Fiat, welches ihm einst anvertraut war.«

Ich lauschte diesen und ähnlichen Darlegungen von Mr. Glanvilles außergewöhnlichen Glaubensvorstellungen, wie ich schon sagte, mit einem gewissen Interesse. Ich konnte nicht umhin, zu empfinden, daß solche Ansichten in vielem sich in größerer Übereinstimmung mit jenen Lehren befanden, die zu vertreten ich selbst unternommen hatte, als es bei den Meinungen der Philosophen der Gegenwart der Fall war, die den Rationalismus auf Kosten der Vernunft vertraten – wenn man jene göttliche Begabung im Lichte Coleridges sieht. Doch wenn ich ihm beipflichtete, machte ich Glanville stets klar, daß meine Zustimmung ihre Grenzen in meiner unverbrüchlichen Treue zu den Glaubensprinzipien fand, die ich bei meiner Ordination bekannt hatte.

Die Monate vergingen mir in der friedlichen Erfüllung meiner Amtspflichten. Anfang März erhielt ich einen Brief meines Freundes, Mr. S – – –, der mir mitteilte, die Luft von Torquay habe ihm sehr wohlgetan, und sein Arzt habe ihm versichert, daß er nicht zu zögern bräuchte, seine Tätigkeit in London wieder aufzunehmen. Infolgedessen beabsichtigte S – – –, sogleich zurückzukehren, und nachdem er mir den wärmsten Dank für meine übergroße Liebenswürdigkeit, wie er es nannte, ausgesprochen hatte, kündigte er an, er wünsche seine gottesdienstlichen Pflichten am folgenden Sonntag wiederaufzunehmen. Demgemäß machte ich jenen Gemeindemitgliedern, denen ich näher verbunden gewesen war, meinen Abschiedsbesuch, wobei ich mir den bei Mr. Glanville für den letzten Tag meines Aufenthalts in S. N. aufhob. Er bedauerte es, wie ich glaube, von meiner bevorste-

henden Abreise zu erfahren, und sagte mir, er würde sich unserer Unterhaltungen stets sehr gerne erinnern.

»Auch ich verlasse S. N.«, fügte er hinzu. »Anfang nächster Woche gehe ich an Bord eines Schiffes nach dem Osten, wo ich mich möglicherweise geraume Zeit aufhalten werde.«

Nachdem wir uns gegenseitig höflich unseres Bedauerns versichert hatten, erhob ich mich und setzte dazu an, mich zu verabschieden, als ich bemerkte, daß Glanville mich mit einem merkwürdigen Ausdruck starr fixierte.

»Einen Moment«, sagte er und winkte mich zum Fenster hin, wo er stand. »Ich möchte Ihnen die Aussicht zeigen. Ich glaube, Sie haben sie noch nicht gesehen.«

Diese Aufforderung erschien mir als mindestens äußerst merkwürdig. Ich war natürlich mit der Straße vertraut, in welcher Glanville wohnte, wie mit den meisten Straßen in S. N.; und er seinerseits mußte sich darüber im klaren sein, daß kein Blick aus seinem Fenster mir irgend etwas zeigen konnte, das ich nicht schon viele Male während meines Aufenthaltes in der Gemeinde gesehen hatte. Dazu kam, daß die Straßen unserer Londoner Vororte nicht häufig einen Anblick bieten, der Liebhaber des Malerischen zu reizen vermöchte. Ich zögerte und wußte kaum, ob ich Glanvilles Aufforderung folgen oder das Ganze als einen kleinen Scherz abtun sollte, als mir einfiel, daß sein im ersten Stock gelegenes Fenster möglicherweise einen Blick auf die ferne St. Pauls-Kathedrale erlaubte; demgemäß trat ich neben ihn und wartete darauf, daß er mir zeigte, was ich wohl bewundern sollte.

Seine Züge trugen immer noch den eigenartigen Ausdruck, den ich erwähnt habe.

»Jetzt«, sagte er, »schauen Sie hinaus, und sagen Sie mir, was Sie sehen.«

Immer noch verwundert sah ich durch das Fenster und sah genau das, was ich zu sehen erwartet hatte: eine Reihe wohlanständiger kleiner Wohnhäuser, von der Straße durch einen schmalen Garten- oder Parkstreifen mit Bäumen und Sträuchern getrennt. Eine zur Rechten der Häuserreihe abbiegende Nebenstraße gab den Blick auf jüngere Straßen und Plätze von einer gewissen Eleganz frei. Immerhin war an dem ganzen Anblick nichts, was mir irgendeine besondere Auf-

merksamkeit zu verdienen schien, und in mehr oder weniger scherzhaftem Ton gab ich dies Glanville zu verstehen.

Als Antwort berührte er mich leicht mit den Fingerspitzen an der Schulter und sagte: »Schauen Sie jetzt.«

Ich tat es. Einen Augenblick lang stand mein Herz still, und ich rang nach Atem. Vor mir lag anstelle der vertrauten Straßen und Gebäude ein Panorama unirdischer, unerhörter Schönheit. In tiefen Rasensenken, überwölbt vom Gezweig von Bäumen, blühten Blumen, wie nur Träume sie zeigen können; solch tiefes Purpurrot, das wie ein Rubin zu glühen schien mit einem verborgenen und doch stets gegenwärtigen Glanz; Rosen, deren Farben alles übertrafen, was in unseren Gärten zu sehen ist, hohe Lilien von lebendigem Lichtglanz und Blütenzweige wie von getriebenem Gold. Ich sah beschattete Wege, die zu grünen, von wildem Thymian gesäumten Tälern führten, und hier und dort waren die grünen Hügel droben oder die sprudelnden Quellen drunten von einer phantastischen Architektur fremder Schönheit überhöht, die dem Feenland selbst zuzugehören schien. Fast wollte ich sagen, daß meine Seele von dem Schauspiel, das sich mir bot, überwältigt war. Ein hingerissenes Entzücken bemächtigte sich meiner, wie ich es nie erlebt hatte. Ein Gefühl der Seligkeit durchdrang mein ganzes Sein; mein Glücksgefühl war derart, daß Worte es nicht auszudrücken vermögen. Ich stieß einen unartikulierten Schrei der Freude und des Erstaunens aus. Und dann wandte ich mich unter der Wirkung eines rasch zurückzuckenden Entsetzens, das ich mir selbst heute noch nicht zu erklären weiß, um und rannte aus dem Zimmer und aus dem Haus, ohne ein einziges Wort der Erklärung oder des Abschieds zu dem ungewöhnlichen Manne, der – ich weiß nicht, was – getan hatte.

In großer Verwirrung und Beunruhigung gelangte ich auf die Straße. Es war, wie ich nicht hinzufügen muß, keine Spur von der vor mir dargebotenen Phantasmagorie geblieben. Die vertraute Straße bot den gewöhnlichen Anblick, die Häuser standen da, wie ich sie immer stehen hatte sehen, und dahinter die neueren Gebäude ... da, wo ich, ach!, Wiesen solchen Entzückens, Blüten solcher Herrlichkeit gesehen hatte: sie standen wieder in ihrer säuberlichen und unauffälligen Ordnung da. Wo ich von grünem Gezweig umfangene Täler gesehen hatte, wo sich das Laub leise im Sonnenschein und Sommerhauch gewiegt hatte, da waren nun kahle schwarze Äste, an denen sich kaum eine Knospe zeigte. Wie ich schon sagte, war es Anfang März, und ein bitterkalter Frost, der vor zehn, vierzehn Tagen eingesetzt hatte, lähmte immer noch die Erde und ihre Vegetation.

Ich ging eilig zu meiner Wohnung, die von der Glanvilles ein Stück weit entfernt lag. Ich war aufrichtig froh, daß ich am nächsten Tag die Gegend verließ. Ich darf sagen, daß ich bis zum heutigen Tage S. N. nie mehr besucht habe.

Einige Monate später traf ich meinen Freund, Mr. S – – –, und unter dem Vorwand einer allgemeinen Erkundigung nach dem Leben der Gemeinde, in welcher er noch tätig war, fragte ich nach Glanville, mit welchem (sagte ich) ich bekannt geworden wäre. Anscheinend hatte er seine Absicht wahrgemacht, wenige Tage nach meinem eigenen Fortgang ebenfalls die Gegend zu verlassen. Er hatte niemandem in der Gemeinde sein Reiseziel oder seine Pläne für die Zukunft anvertraut.

»Meine Bekanntschaft mit ihm«, sagte S – – –, »war nur ganz flüchtig, und ich glaube nicht, daß er sich mit irgend jemandem hier befreundet hat, obwohl er über fünf Jahre in S. N. gewohnt hat.«

Es ist nun an die fünfzehn Jahre her, daß mir dieses höchst seltsame Erlebnis zustieß, und in dieser Zeit habe ich nichts von Glanville gehört. Ob er im fernen Orient noch lebt, oder ob er gestorben ist – ich habe darüber nicht die geringste Kenntnis.

IV.

Arnold war allgemein als müßig lebender Mann bekannt, und wußte kaum, wie er selbst sagte, wie ein Büro von innen aussah. Aber er war ein fleißiger Müßiggänger und stets bereit, für irgend etwas, das ihn interessierte, alle möglichen Anstrengungen auf sich zu nehmen. Und diese Geschichte von Canon's Park interessierte ihn außerordentlich. Er war sich gewiß, daß es eine Verbindung zwischen Mr. Hampoles merkwürdiger Geschichte – »mehr denn merkwürdig«, sann er – und dem Erlebnis von Perrotts Vetter, dem Weizenzüchter aus dem Westen, geben mußte. Er begab sich nach Stoke Newington und schlenderte im ganzen Viertel hin und her, wobei er sich mit prüfendem Auge umsah. Er entdeckte Canon's Park, oder was davon noch vorhanden war, ohne Schwierigkeiten. Es war ziemlich so, wie Harliss es beschrieben hatte: eine in den zwanziger oder dreißiger Jahren des letzten Jahrhunderts angelegte Gegend für Kaufleute aus der City mit großzügigem bis erträglichem Einkommen.

Einige dieser Häuser gab es noch, und eine hübsche Reihe alter Ladengeschäfte hatte überlebt. An einer Stelle fand sich dann das bescheidene Haus spätgeorgianischer oder frühviktorianischer Prägung, mit einer Spalierveranda in verblichener blaugrüner Farbe, einem gußeisernen Balkon, recht einnehmend, einem kleinen Vorgärtchen und dem ummauerten Garten hinter dem Haus; eine kleine Remise, ein kleiner Stall. An anderer Stelle gab es Üppigeres und wesentlich Großzügigeres: ehrgeizige Pilaster und viel Stuck, breite Rasenflächen und weit ausholende Auffahrten, ragende Sträucher und hinter dem Gebäude Treibhäuser. Aber auf dem ganzen Territorium war die moderne Zeit zum Angriff übergegangen. Die großen Häuser, die noch standen, waren in kleine Wohnungen aufgeteilt; die kleinen waren schäbig und vernachlässigt, nicht länger liebevoll gepflegt, und überall standen große Blocks mit Mietwohnungen in bösem Backstein, als hätte Mrs. Todgers sich von Mr. Pecksniff ihre Vorstellung eines zeitgemäßen Gefängnisses erbauen lassen. Canon's Park gegenüber und auf dem Grund, wo Mr. Glanvilles Haus gestanden haben mußte, lag ein Technisches College; daneben eine Wirtschaftsschule. Beide Gebäude ließen einem das Blut gerinnen – von ihrem Zweck wie von ihrer Architektur her. Sie sahen aus, als wären Mr. H. G. Wells' böse Träume in Erfüllung gegangen.

In nichts von alledem, ob es nun einigermaßen alt oder von krasser Modernität war, konnte Arnold irgend etwas entdekken, was ihm weitergeholfen hätte. Zu der Zeit, von welcher Mr. Hampole schrieb, mochte Canon's Park einigermaßen angenehm gewesen sein; nun war es eindeutig abstoßend. Doch selbst zu seinen besten Zeiten konnte das Viertel in nichts Anlaß zu der wunderbaren Vision gegeben haben, die der Geistliche von Mr. Glanvilles Fenster aus zu sehen geglaubt hatte. Und Vorortgärten, wie sauber gepflegt auch immer, konnten die rhapsodischen Schilderungen des Weizenbauern nicht erklären. Arnold wiederholte bei sich die heiligen Erklärungsformeln: Telepathie, Halluzination, Hypnose; aber es war ihm dadurch kaum wohler. Hypnose beispielsweise – damit erklärte man für gewöhnlich den Indischen Seiltrick. Einen solchen Trick gab es nicht, und auf jeden Fall konnte Hypnose nicht dieses oder ein anderes Wunder erklären, das eine ganze Anzahl von Leuten gleichzeitig sahen, da Hypnose sich nur auf Individuen richten kann, und nur mit deren Wissen, Zustimmung und bewußter Aufmerksamkeit. Telepathie hätte sich zwischen Glanville und Hampole ereignen können – aber woher bekam Perrotts Vetter den Eindruck, daß er eine Art Paradies des Kubla Khan oder des Alten vom Berge nicht nur sah, sondern geradezu darin hin- und herging? Die Society for Psychical Research hatte die Telepathie sozusagen entdeckt und seit fünfundvierzig Jahren oder mehr keinen geringen Teil ihrer Energien einer genauen und gründlichen Untersuchung gewidmet, aber, soweit er wußte, enthielten die veröffentlichten Fälle kein Beispiel für irgend etwas so Komplexes wie diese Canon's Park-Geschichte. Und wiederum, soweit er sich erinnern konnte, waren die auf ein telepathisches Einwirken zurückgeführten Erscheinungen immer persönlicher Natur: Visionen von Personen, nicht von Orten; telepathische Landschaften gab es nicht. Und was die Halluzinationen betraf – damit kam man nicht weit. Damit wurde eine Tatsache konstatiert, aber nicht erklärt. Arnold hatte schon mit der Leber zu tun gehabt: er war eines Morgens zum Frühstück heruntergekommen und hatte zu seiner Irritation lauter schwarze Pünktchen in der Luft tanzen sehen. Obwohl er den üblen Geruch eines rußenden Kamins nicht wahrnahm, hatte er zunächst keinen Zweifel, daß der Kamin rauchte und daß die schwarzen Pünktchen schwebender Ruß waren. Es dauerte eine gewisse Zeit, bis ihm klar wurde, daß es objektiv keine schwarzen Pünktchen gab, daß sie eine optische Illusion darstellten, daß er halluziniert hatte. Und zweifellos hatten der Geistliche und der Weizenzüchter auch halluziniert, aber die Ursache, die treibende Kraft blieb aufzufinden. Dickens hat erzählt, wie er eines Morgens beim Erwachen seinen Vater neben dem Bett sitzen sah und sich fragte, was dieser dort täte. Er redete den alten Herrn an, bekam keine Antwort und streckte die Hand aus, um ihn zu berühren: und da war nichts. Dickens hatte eine Halluzination, aber da sein Vater zu der Zeit vollkommen gesund und in keinerlei Schwierigkeiten war, blieb das Rätsel ungelöst und unerklärlich. Man hatte es einfach hinzunehmen, denn es gab keine Logik. Es war ein Problem, das man aufgeben mußte.

Aber Arnold mochte es nicht, Probleme ungelöst aufzugeben. Er suchte die Winkel von Stoke Newington ab und drang in vielversprechend aussehende Kneipen vor, in der Hoffnung, dort gesprächige alte Männer anzutreffen, die sich noch an Geschichten ihrer Väter erinnern und diese erzählen würden. Ein paar fand er, denn obwohl London stets ein Ort ruhelos wandernder Stämme und wechselnder Bevölkerungen gewesen ist (und jetzt mehr denn je), gibt es doch noch an vielen Stellen und vor allem in den entlegeneren Vorstädten des Nordens ein altansässiges Element, dessen Gedächtnis hundert, machmal sogar hundertundfünfzig Jahre zurückreicht. So stieß er in einer ehrwürdigen Taverne – es wäre ungut und irreführend gewesen, von einem Pub zu reden – am Rande von Canon's Park auf eine alte Runde, die sich abendlich ein Stündchen lang in einem behaglichen, wenn auch schäbigen Nebenzimmer versammelte. Sie tranken wenig, und das Wenige langsam, und gingen früh nach Haus. Es waren die Besitzer kleiner Läden in der Nachbarschaft, die vom Geschäft redeten und von den Veränderungen, die sie erlebt hatten, vom Fluch der großen Warenhäuser, dem billigen Schund, der dort verkauft wurde, und dem Drücken von Preisen und

Profiten. Nach ein, zwei Besuchen schloß sich Arnold – »Nun, Sir, da danke ich Ihnen sehr, ich sage nicht nein« – vorsichtig der Unterhaltung an und sagte, er überlege sich, ob er nicht in die Nachbarschaft ziehen sollte; es schiene ein ruhiges Viertel. »Alles Gute wünsch' ich. Ruhig – ja, das war es hier früher, aber jetzt sieht's in Stoke Newington doch anders aus. Nur Hochmut und Hast und feine Kleider; und die Leute, die das Geld hatten und es auch ausgegeben haben, sind lang schon weg.«

»Es hat hier früher wohlhabende Leute gegeben?« fragte Arnold behutsam, sich Zoll um Zoll vortastend.

»O ja, das will ich meinen. Solide Leute – warmgefüttert, hat mein Vater sie immer genannt. Da war Mr. Tredegar, Direktor von der Tredegarbank. Die ist vor vielen Jahren dann mit der City and National vereinigt worden, eher fünfzig als vierzig, schätze ich. Ein stattlicher Herr, und hat herrliche Ananas gezüchtet. Ich weiß noch, er hat eine vorbeigeschickt, als es meiner Frau einen ganzen Sommer lang so schlecht ging. Solche Ananas gibt's heute gar nicht mehr zu kaufen.«

»Da haben Sie recht, Mr. Reynolds, da haben Sie vollkommen recht. Ich muß ja auch sogenannte Ananas in den Laden nehmen, aber selber würde ich die nicht anrühren. Kein Duft, kein Geschmack. Zäh und hart; man kann einen Holzapfel nicht mit einem Cox' Pippin vergleichen.«

Man stimmte dieser Beobachtung allgemein zu, und Arnold hatte das Gefühl, daß die Arbeit nur sehr mühsam voranging.

Selbst als er auf sein Thema kam, war nicht viel gewonnen.

Er sagte, er hätte gehört, daß Canon's Park eine ruhige Ecke wäre, weg von den Durchfahrtsstraßen.

»Nun, da ist schon etwas dran«, sagte der alte Herr, der sich zum Bier hatte einladen lassen. »Viel Verkehr hat man da nicht, keine Straßenbahn, keine Pferdebusse und auch keinen Autobus. Aber sie machen ja alles kaputt, alle paar Monate wird ein neuer Häuserblock hingesetzt. Natürlich mag das was für Sie sein. Diese Wohnblocks sind ja bei vielen Leuten sehr beliebt, sehr sparsam, dort zu wohnen, wie ich höre. Ich hab immer gern mein eigenes Haus gehabt.«

»Ich sag Ihnen eins, was sparsam ist an so einer Wohnung«, begann der Krämer mit einem behaglichen einleitenden Lachen. »Wenn Sie gerne Radio hören, sparen Sie sich die Anschaffungskosten und die Gebühr. Sie hören das Radio obendrüber und das untendrunter und noch ein oder zwei dazu, wenn am Sommerabend die Fenster offen sind.«

»Ganz recht, Mr. Batts, da haben Sie ganz recht. Trotzdem, ich muß sagen, ich halte persönlich sehr viel vom Radio. Ich habe gerne eine flotte Melodie, wissen Sie, zum Tee.«

»Wollen Sie etwa sagen, Mr. Potter, daß Sie diesen entsetzlichen Jazz schätzen, wie man das heißt?«

»Nun, Mr. Dickson, ich muß gestehen...«, und so weiter und so fort. Es wurde klar, daß sogar hier Vertreter der Moderne anwesend waren: Arnold glaubte, ganz deutlich die Formulierung »*hot blues*« zu hören. Er drängte seinem Nachbarn noch ein Glas auf (»wirklich sehr freundlich, ein Helles diesmal, wenn's recht ist«) – es war Mr. Reynolds von der Drogerie, und Arnold versuchte es noch einmal.

»Sie würden also Canon's Park als Wohngegend nicht unbedingt empfehlen.«

»Nun, Sir – nein, nicht einem Herrn, der seine Ruhe haben möchte. Man hat seine Ruhe nicht, wenn einem die ganze Nachbarschaft ringsum vor lauter Abriß auf den Kopf fällt sozusagen. Früher war's gewiß ruhig genug dort. Meinen Sie nicht, Mr. Batts?« – die musikalische Diskussion wurde unterbrochen – »Canon's Park war doch in Ihrer Jugend schön ruhig? Da hätte es für diesen Herrn hier gut gepaßt, sicherlich.«

»Vielleicht«, sagte Mr. Batts. »Vielleicht und vielleicht auch nicht. Es gibt Ruhe – und Ruhe.«

Eine gewisse Stille senkte sich auf die kleine Gesellschaft alter Männer. Sie schienen zu sinnen und ihr Bier in langsameren Schlucken zu trinken.

»Es war da immer etwas, was mir nicht gefallen hat an der Ecke«, sagte einer endlich. »Aber ich weiß nicht, warum.«

»Gab's da nicht eine Geschichte von einem Mord, vor langer Zeit? Oder hat sich da einer umgebracht und ist am Kreuzweg bei der Wiese begraben worden, mit einem Pfahl durchs Herz?«

»Das hab ich nie gehört, aber mein Vater hat einmal gesagt, daß die Leute früher dort viel das Fieber hatten.«

»Ich glaube, Sie gehen da alle in die Irre, meine Herren, wenn ich das sagen darf« – das kam von einem recht alten Mann in der Ecke, der bis jetzt sehr wenig gesprochen hatte. »Ich würde nicht sagen, daß Canon's Park einen schlechten Ruf hatte, durchaus nicht. Aber es gab da schon etwas, was vielen Leuten nicht gefallen hat, was sie abgestoßen hat, könnte man sagen. Und ich glaube, es hängt alles mit der Irrenanstalt zusammen, die früher dort gewesen ist.«

»Ein Irrenhaus war da?« fragte Arnolds spezieller Freund. »Ja, ich glaube, ich erinnere mich, daß ich als kleines Kind etwas davon gehört habe, jetzt, wo Sie's sagen. Ich weiß noch, daß wir Jungen gar nicht gern nach Einbruch der Dunkelheit durch Canon's Park gegangen sind. Mein Vater hat mich dann und wann zum Austragen dorthingeschickt, und ich hab immer einen Freund mitgenommen, wenn es ging. Aber daran, daß wir besonders Angst vor den Irren hatten, kann ich mich nicht erinnern. Ich weiß eigentlich gar nicht mehr, wovor wir uns gefürchtet haben.«

»Nun, Mr. Reynolds, es ist lange her, aber ich glaube schon, daß es das Irrenhaus war, was die Leute zuerst gegen Canon's Park eingenommen hat. Sie wissen doch, wo es gestanden hat?«

»Ich könnt's nicht sagen.«

»Nun, es war das große Haus mitten in dem Park, das schon Jahre leerstand – vierzig Jahre wohl, und halbverfallen.«

»Sie meinen da, wo jetzt die Empress Mansions stehen? Ja natürlich! Ja, das haben sie vor über zwanzig Jahren abgerissen, und dann lag das Land den ganzen Krieg lang brach und noch lange später. Das war ein ödes Gebäude. Ich erinnere mich noch gut – der Efeu wuchs die Kamine hoch, und die

Fenster waren zerbrochen und die Schilder ›Zu vermieten‹ auch ganz überwuchert. Und das war früher eine Anstalt?«

»Genau dieses Haus. Himalaya House hieß es. Ursprünglich hat da ein reicher Herr aus Indien an ein altes Bauernhaus angebaut, und als er ohne Kinder starb, hat die Verwandtschaft an einen Doktor verkauft. Und der hat ein Irrenhaus draus gemacht. Und wie gesagt, das gefiel den Leuten nicht so sehr. Damals, wissen Sie, waren solche Anstalten nicht so gut beaufsichtigt, wie von den heutigen gesagt wird, und es gab ein paar recht böse Geschichten. Ich weiß nicht, ob der Doktor nicht einen Prozeß hatte wegen eines Herrn aus guter Familie, wie ich glaube, der jahrelang von seinen Verwandten im Himalaya House eingesperrt gehalten wurde, und die ganze Zeit war er so vernünftig wie Sie und ich. Und dann der junge Mann, der ausreißen konnte, das war eine seltsame Sache. Obwohl es da keinen Zweifel gab, daß er verrückt genug für alles war.«

»Einer ist tatsächlich entkommen?« fragte Arnold, um das Schweigen zu brechen, das sich wieder auf den Kreis gesenkt hatte.

»So war es. Ich weiß nicht, wie er es geschafft hat, weil man sie anscheinend sehr streng bewacht hat, aber irgendwie ist er hinausgeklettert oder hinausgeschlichen, zur Teezeit eines Abends, und ist einfach in aller Ruhe die Straße hinuntergegangen und hat sich hier ganz in der Nähe eingemietet, in dem Sträßchen mit den alten Ziegelhäusern, da wo jetzt das Technische College steht. Ich kann mich gut erinnern, wie Mrs. Wilson, die Zimmerwirtin – sie ist sehr alt geworden – meiner Mutter erzählt hat, daß sie nie einen netteren und höflicheren jungen Mann gesehen hat als diesen Mr. Vallance – so hat er sich wohl genannt; nicht sein richtiger Name natürlich. Er hat ihr eine ganz glaubhafte Geschichte erzählt, daß er aus Norwich kommt, wegen seiner Studien viel Ruhe braucht und all so etwas. Er hatte die Reisetasche in der Hand und sagte, das schwere Gepäck würde nachkommen, und zahlte vierzehn Tage im voraus, alles ganz ordentlich. Natürlich waren ihm die Leute aus der Anstalt sofort hinterher und fragten überall nach, aber Mrs. Wilson dachte nicht einen Augenblick lang, daß ihr ruhiger junger Mieter der vermißte Verrückte wäre. Jedenfalls zunächst einmal nicht.«

Arnold machte sich die Kunstpause zunutze. Er lehnte sich in Richtung des Wirtes vor, der sich auf die Theke stützte und lauschte wie die anderen. Die Bestellungen für eine Runde wurden schließlich aufgenommen, und alle stimmten für einen kleinen Gin, weil ein Helles oder auch ein Dunkles dem nahenden Höhepunkt der Erzählung nicht angemessen schien. Und dann tranken sie mit höflichen Mienen auf die Gesundheit »von unserem Freund neben unserem Freund Reynolds«. Und einer sagte:

»Aber sie hat es dann herausgekriegt?«

»Ich glaube«, fuhr der Erzähler fort, »es war eine Woche oder so, ehe Mrs. Wilson merkte, daß etwas nicht stimmte. Als sie sein Teetablett wegräumte, sagte er plötzlich zu ihr:

›Was mir an Ihren Zimmern so gefällt, Mrs. Wilson, ist der erstaunliche Blick, den man aus den Fenstern hat.‹

Nun, wissen Sie, da war sie schon perplex. Wir wissen alle, was es aus den Fenstern von Rodman's Row zu sehen gab: Fothergill Terrace und Chatham Street und Canon's Park – alles sehr hübsche Immobilien zweifellos, aber wirklich nichts Aufregendes. Also wußte Mrs. Wilson nicht so recht, wie sie's nehmen sollte, und dachte, es sei vielleicht ein Scherz. Sie stellte das Tablett wieder hin und schaute ihm ins Gesicht.

›Und was schätzen Sie da besonders, wenn ich fragen darf, Sir?‹

›Was ich daran schätze?‹ sagte er. ›Alles.‹ Und dann fing er anscheinend an, den unerhörtesten Unsinn zu reden von goldenen und silbernen und purpurnen Blüten und dem sprudelnden Quell und dem Weg unter den Bäumen in den Wald und dem herrlichen Haus auf dem Hügel und was weiß ich alles. Er wollte, daß Mrs. Wilson ans Fenster kommt und alles anschaut. Sie hatte Angst und nahm ihr Tablett und ging so rasch aus dem Zimmer, wie sie nur konnte, und ich kann's gut verstehen. Und an diesem Abend kam sie auf dem Weg in ihr Schlafzimmer an der Tür ihres Mieters vorbei und hörte ihn laut reden und blieb stehen, um zu lauschen. Das kann man der Frau wohl nicht übelnehmen. Sie wollte einfach wissen, wen oder was sie da im Hause hatte. Zuerst verstand sie nicht, was er da sagte. Er plapperte wie in einer fremden Sprache, und dann sprach er laut in gewöhnlichem Englisch wie zu einer jungen Dame und gebrauchte sehr gefühlvolle Ausdrücke.

Das war zuviel für Mrs. Wilson, und sie ging völlig verängstigt zu Bett und schlief die ganze Nacht kaum. Am nächsten Morgen schien ihr Zimmerherr ruhig genug, aber Mrs. Wilson wußte, daß man ihm nicht trauen konnte, und gleich nach dem Frühstück ging sie zu den Nachbarn und fing an, Fragen zu stellen. Da kam natürlich heraus, wer das sein mußte, und sie schickte eine Nachricht ins Himalaya House. Und die Leute von der Anstalt holten den jungen Mann zurück. Und, liebe Zeit, meine Herren, es ist schon fast zehn.«

Die Versammlung brach in einer Art herzlicher Hast auf. Dem alten Mann, der die Geschichte von dem entlaufenen Verrückten erzählt hatte, war anscheinend die äußerste Konzentration aufgefallen, mit der Arnold ihm zugehört hatte. Er war offensichtlich dankbar. Er schüttelte Arnold fest die Hand und bemerkte: »Da sehen Sie also, Sir, weshalb ich Grund habe, anzunehmen, daß es die Anstalt war, die Canon's Park in unserer Nachbarschaft einen komischen Ruf eingebracht hat.«

Und Arnold, dem einiges durch den Sinn ging, machte sich zurück auf den Weg nach London. Vieles schien höchst unklar, aber er fragte sich, ob Mrs. Wilsons Mieter wirklich verrückt gewesen war – irgendwie verrückter als Mr. Hampole oder der Weizenfarmer aus Somerset oder Charles Dickens, als er die Erscheinung seines Vaters neben dem Bett sah.

V.

Arnold erzählte die Geschichte seiner Forschungen und Ratlosigkeiten beim nächsten Treffen der drei alten Freunde in der stillen Seitenstraße. Die Szene hatte sich in einen Juniabend verwandelt, und die Bäume im Garten wisperten in einem kühlen Luftzug, der einen schwachen Duft von Heufeldern aus der Ferne bis ins Herz Londons wehte. Die Flüssigkeit im braunen Krug roch nach den Weinbergen der Gascogne und ihren Kräutergärten, und Eis war – aber nicht zu lange – um den Krug geschichtet worden.

Harliss' Bemerkung nach Arnolds Geschichte bestand in den Worten: »Ich kenne jeden Zoll in diesem Viertel, und ich habe Ihnen doch gesagt, so einen Ort gibt es da nicht.«

Perrott wog seine Worte. Er gestand zu, daß es eine bemerkenswerte Geschichte war. »Es gibt drei Zeugen«, hatte Arnold betont.

»Ja«, sagte Perrott, »aber haben Sie das wundersame Wirken der Koinzidenz berücksichtigt? Es gibt da einen Fall – Sie werden ihn vielleicht für banal genug halten –, der mich tief beeindruckt hat, als ich ihn vor ein paar Jahren gelesen habe. Ein Mann hatte vor vierzig Jahren eine Uhr in Singapur gekauft – oder vielleicht in Hongkong. Die Uhr ging schließlich falsch, und er brachte sie zu einem Geschäft in Holborn, um sie richten zu lassen. Der Mann, der sie an der Ladentheke in Empfang nahm, war derselbe, der sie ihm vor all den Jahren im Osten verkauft hatte. Man kann die Koinzidenz niemals außer acht lassen und sagen, eine solche Lösung sei unmöglich. Ihre Möglichkeiten sind unendlich.«

Dann erzählte Arnold das letzte, fragmentarische, unvollkommene Kapitel der Geschichte.

»Nach diesem Abend im *King of Jamaica*«, begann er, »bin ich nach Hause gegangen und habe mir alles noch einmal überlegt. Mehr schien sich nicht machen zu lassen. Trotzdem, ich wollte einfach noch einmal einen Blick auf dieses eigenartige Terrain werfen und ging an einem dunklen Nachmittag noch einmal nach Canon's Park. Und dort, an diesem Nachmittag, traf ich den jungen Mann, der sich verlaufen hatte, und der – wie er sagte – die nicht mehr finden konnte, die in dem weißen Haus auf dem Hügel wohnte. Und von ihr und ihrem Haus und ihrem zauberhaften Garten werde ich nicht erzählen. Aber ich bin sicher, der junge Mann hatte sich wahrhaft verirrt – für immer.«

Und nach einer Pause fügte er hinzu:

»Ich glaube, daß es eine Perichorese gibt, eine gegenseitige Durchdringung. Es ist tatsächlich möglich, daß wir drei jetzt zwischen öden Felsen sitzen, an bitteren Wassern.

... Und mit was für Gefährten?«